U0599931

本册编委

主　编　王海英　李舒悦

副主编　刘秀丽　吴晓靓　苏莉莉

编　委　卜晓姝　胡春慧　黄慧坚　宋　洋
王轲玮　王　苏　张一朦　姚丽萍
王　琦　陈　瑶　宋淑敬　张天诗
黄月华　阿勇嘎　李　月　劳　爽
陈　柳　胡云英

中小学心理健康教育教师专业素养提升丛书

盖笑松　刘晓明／总主编

中小学心理健康教育教师学科知识基础

ZHONGXIAOXUE XINLI JIANKANG JIAOYU JIAOSHI XUEKE ZHISHI JICHU

主　编／王海英　李舒悦

副主编／刘秀丽　吴晓靓　苏莉莉

东北师范大学出版社

长　春

图书在版编目（CIP）数据

中小学心理健康教育教师学科知识基础 / 王海英，李舒悦主编. -- 长春 ：东北师范大学出版社，2024. 7.
（中小学心理健康教育教师专业素养提升丛书 / 盖笑松，刘晓明总主编）. -- ISBN 978 - 7 - 5771 - 1648 - 8

Ⅰ. G444

中国国家版本馆 CIP 数据核字第 2024DQ7989 号

□责任编辑：孙明霞　□封面设计：张　然
□责任校对：黄　敏　□责任印制：侯建军

东北师范大学出版社出版发行
长春净月经济开发区金宝街 118 号（邮政编码：130117）
联系电话：0431—84568164
网址：http：//www.nenup.com
东北师范大学音像出版社制版
吉林省良原印业有限公司印装
长春市净月小合台工业区（邮政编码：130117）
2024 年 9 月第 1 版　2024 年 9 月第 1 次印刷
幅面尺寸：170mm×240mm　印张：12.25　字数：203 千

定价：55.00 元

目 录 MU LU

第四章

多途径开展中小学心理健康教育活动 83

第五章

教师心理素养的自我提升 143

附 录

心理健康教育相关文件政策依据 159

第一章

中小学生心理发展的特点与教育

第一节 小学生心理发展的特点与教育

一、小学生学习心理的发展

小学生入学以后，学习成为其主要活动，随着年龄的增长，小学生的学习心理也在不断发展着。

（一）小学生学习心理的一般特点

1. 以学习间接经验为主。

直接经验是指亲身参加实践活动所获得的知识，间接经验是指从他人或书本上学来的知识。小学生以学习间接经验为主，即教育者把科学文化知识加以选择组成课程，引导学生循序渐进地学习，使学生能用最短的时间、最快地掌握大量系统的科学文化基础知识。

2. 必须在教师的指导下进行。

小学生的学习必须在有限的时间内完成，并达到教学要求，因此，必须在教师的指导下，在有计划、有目标、有组织的教学活动中进行。

3. 具有一定程度的被动性和强制性。

学习是一种社会活动，社会对学生的要求是学校通过各项教育教学活动达到的。学生必须系统地掌握知识与技能，养成符合社会需求的个性品格。同时，舆论又控制、监督和调节着每个社会成员的行为，小学生在学校里不仅要学习自己感兴趣的内容，而且要学习自己不感兴趣的内容。与游戏相比，学习具有社会性、系统性、被动性和强制性。

（二）小学生学习兴趣的发展

兴趣可以推动人们去探求新的知识，发展新的能力，它是人们力求探究某种事物，并带有强烈情绪色彩的心理倾向。小学生学习兴趣的发展具有以下特征：

1. 从情境动机到知识动机。

小学生在刚入学时感兴趣的是各种学习过程，他们不过多地考虑为什么要学习，也不太考虑学习的内容和结果。在这个阶段，教师可以利用低年级学生对学习形式的变化感兴趣的特点，以教学内容为中心，灵活地转变、调整学习过程，从而激发他们的学习兴趣。从三年级开始，小学生更加喜欢新颖的、需要独立思考的学习内容。在这个阶段，教师应根据学习内容、学习目标，对学生的学习结果做出积极评价，并鼓励学生在学习活动中发挥自身的独立性和创造性。

2. 学习兴趣开始分化。

在整个小学阶段，儿童对具体事物和经验性知识较有兴趣，而对抽象因果关系方面知识的兴趣处于初步发展中。调查表明，刚入学的儿童往往不会表现出明显的学科兴趣，从三年级开始，小学生出现学科兴趣分化，但这一时期的小学生对学科的兴趣很容易发生变化。引起小学生学科兴趣分化的原因是多方面的，客观上主要是教师的教学水平，主观上则主要是儿童自己认为学习该学科是否有用和是否需要动脑。

3. 从游戏动机到成就动机。

低年级小学生只是对游戏式的学习活动感兴趣。从中年级开始，小学生才逐渐对反映事物间因果关系的较抽象知识产生初步兴趣，并逐渐体会到学习的成就感。这表明其已从学前期的学习向学龄期的学习转化了。

（三）小学生学习态度的发展

学习态度是影响学习效果的一个重要因素。学习态度受学习动机的制约，是学习者在学习活动中通过获得一定的经验而形成的。学习态度是可以改变的。小学时期是学习态度初步形成的时期。小学生的学习态度发展特点表现在以下三个方面：

1. 对教师的态度。

教师对低年级小学生来说具有很高的权威性，低年级小学生对教师可以说是言听计从；中年级以后，学生对教师的态度发生了选择性变化，他们只对那些教学好、公正、风趣并对儿童表现出爱心和耐心的教师表现出偏爱。

2. 对作业的态度。

初入学的小学生还没有很强的作业意识，不能对作业表现出认真负责的态度，忘记做作业的情况时有发生；二年级以后，小学生才逐渐建立起较稳定的作业意识，能按时、认真地完成作业。

3. 对评分的态度。

从步入小学开始，小学生就认识到评分的意义，很重视自己的分数，把它看成衡量自己学习好坏的标准；随着年级的升高，小学生逐渐认识到学习是一种社会义务，把获得好分数看作履行这一社会义务的良好表现。

二、小学生认知的发展

（一）小学生注意的发展

1. 小学生注意的一般特点。

（1）有意注意逐渐占主导地位。

小学低年级学生的无意注意占主导地位，小学高年级学生的有意注意占主导地位。

（2）内抑制能力没有充分发展。

由于大脑与神经系统的内抑制能力没有充分发展，小学生容易因受到新异刺激而兴奋，其面部表情、手足乃至全身都会配合活动，所以，小学生的注意表现出明显的情绪色彩。

（3）具体形象思维占主导地位。

小学生，尤其是低年级学生的知识水平和言语水平有限，其抽象思维正在发展，具体形象思维仍占据主要地位。抽象的概念或道理不容易吸引小学生的注意力，而直观的、具体的事物比较容易吸引小学生的注意力，所以教师在课堂上会利用教学模具来吸引学生的注意力，提升教学效果。

2. 小学生注意品质的发展。

（1）注意的集中性和稳定性。

注意的集中性是指注意指向一定事物的集中程度，小学生注意集中的程度随着年龄增长而不断提高；注意的稳定性是指把注意集中保持在某一对象上的时间长短，时间越长，注意的稳定性越强。小学生注意的稳定性随年龄增长而提高，其发展的速度超过幼儿期和中学阶段。

（2）注意的广度。

注意的广度是指在单位时间内注意到对象的数量。数量越多，广度越大。小学生注意的广度较小，但随着年龄的增长、知识经验的丰富而扩大。

（3）注意的分配及转移。

注意的分配是指在同时进行两种或两种以上活动的时候，把注意指向不同的对象；或在进行某种活动的时候，在同一时间内，把注意指向两种或两种以上不同的动作。小学生在学习过程中的注意分配能力较幼儿有明显的发展。

（二）小学生记忆的发展

1. 小学生记忆容量的发展。

小学生数字记忆的广度已经与成人相近。低年级学生的数字记忆广度少于或为 4 个，高年级学生的数字记忆广度为 5～6 个。

2. 小学生记忆类型的发展。

小学生有意记忆逐渐超过无意记忆成为记忆的主要方式，理解记忆超过机械记忆逐渐占主导地位，抽象记忆的发展速度逐渐超过形象记忆的发展速度。

3. 小学生记忆策略的发展。

小学生采用的主要记忆策略有两类：复述（背诵）记忆策略和组织记忆策略。

复述（背诵）记忆策略的使用在不同年龄儿童中的占比分别为：5 岁儿童 10％、7 岁儿童 60％、10 岁儿童 85％。

小学生能够把要识记的材料按某种标准或关系进行归并，以帮助记忆。从小学三年级开始，学生能够将所学知识系列化，即把相互关联的信息按体系关系进行整理并条理化，以帮助记忆。

（三）小学生想象的发展

小学生入学以后，在学校教育的影响下，想象得到了进一步的发展。

1. 想象的有意性迅速增长。

小学生为了在学习过程中更好地理解教学内容，完成教师布置的作业，必须进行有意识的想象活动。例如，在学习语文时，通过想象来理解文中所描述的情境、故事情节的变化，围绕某一主题进行写作构思；在学习自然时，通过想象来感受大自然，增强对祖国大好河山的热爱，培养爱国主义思想。从三四年级开始，小学生的有意想象逐渐发展并占主导地位，这使他们能顺利地完成各门课程的学习任务。

2. 想象内容逐渐符合客观现实。

小学低年级学生想象的内容常脱离现实，或者不能准确地反映客观现实。在教师的不断指导下，随着学习内容的不断丰富和知识经验的逐步积累，到小学中高年级时，他们想象的内容逐渐符合客观现实。

3. 想象具有直观性和具体性。

小学生在想象时，特别是在从事一些操作活动时，还需要借助于直观、具体的事物，这就要求教师在授课时应向学生出示直观教具，以帮助他们进行想象和思维。

4. 想象中的创造性成分日益增多。

随着知识经验的积累、语言能力的增强、表象的逐渐丰富，小学生再造想象中的创造性成分日益增多，而且表现出一定的独创性。

（四）小学生思维的发展

思维是人脑借助于言语、表象和动作而实现的，是对客观事物本质属性的间接的、概括的反映，它是人类智力的核心，也是人类区别于其他动物最具代表性和独特性的认知方式。小学生思维的发展具有以下特点：

1. 由以具体形象思维为主要形式逐渐过渡到以抽象逻辑思维为主要形式。

刚刚入学的小学生，思维带有明显的具体形象性。他们需要具体形象的帮助来理解抽象的字、词，需要实物或手指的帮助才能进行运算。他们的思维活动在很大程度上还是和面前的具体事物及生动的记忆表象联系着。随着年级的升高，小学生的思维逐渐由以具体形象思维为主要形式过渡到以抽象逻辑思维为主要形式。这种过渡是思维发展过程中的质变，是基于新质要素的逐渐积累和旧质要素的不断“消亡”及改造，是在小学生的生理成熟、集体生活环境的有益刺激、教育活动的积极促进下发生的。小学生的思维发展过渡到以抽象逻辑思维为主要形式，并不是说他们的思维就不存在具体形象性了。相反，小学生必须借助事物的具体形象来实现抽象逻辑思维的发展。

2. 抽象逻辑思维的自觉性较差。

小学生不能自觉意识到自己的思维过程，低年级小学生尤其如此。例如，在阅读活动中，有些学生认为默读比朗读难度大，这是因为其内部言语功能的发育尚未成熟，而内部言语是对思维本身进行分析综合的基本条件。因此，有经验的教师会有计划地指导学生默读课文和阅读一些课外读物。在解答数学应用题时，小学生不会说出自己的思考过程，表现为人们常说的“知其然而不知其所以然”，也不习惯于自我检查。教师在教学过程中，如果注意引导学生在解应用题时说出思考过程，梳理自己在解题时的思路，并注意及时有效地检查作业，将有助于学生抽象逻辑思维自觉性的发展。

3. 抽象逻辑思维发展不平衡。

小学生抽象逻辑思维的发展水平在不同的学科中具有不同的表现。例如，经过系统的数学思维训练的学生，在数学课堂上可以离开具体事物进行抽象思考，但在自然课堂中，却仍停留在较具体的形象思维水平上。

4. 思维缺乏批判性。

小学生的思维缺乏批判性，年龄越小的儿童表现越明显。他们常常不考虑客观情况的变化，而是盲目按照教师所提的要求去做，以教师的言语作为衡量事物对错的唯一标准。这一方面要求教师要注意自己的言行，时刻考虑如何做有利于小学生身心健康发展；另一方面也向教师提出了新的课题，即如何使学生逐步克服这种盲目性，而多一些批判性和理性思考。

5. 思维缺乏灵活性。

小学生的思维缺乏灵活性，他们不善于考虑条件的变化，常以旧经验解答新问题。在数学学习中，这种特点表现得最明显。在解答其熟悉的或学过的题目时，如果内容不变，他们就能顺利解答，如果内容稍加变化，他们就难以根据内容的变化而改变方法，只能照着原来的形式套做题目。随着年级的升高和年龄的增长，知识经验的积累，第二信号系统的发展，到了中高年级，学生思维的惰性将逐渐减轻。

三、小学生个性与社会性的发展

（一）小学生自我意识的发展

1. 从身体的自我理解到心理的自我理解。

随着认知能力的发展，小学生关注自己的渠道已经从外部的身体特征转为内部的心理特质。比如，6 岁的小学生会这样评价自己："跑得很快，擅长画画。"而 11 岁的小学生则会说自己："相当聪敏、友好、乐于助人。"

2. 形成自我概念。

小学生能够客观地评价自己，能看到自己优秀和不足两个方面。他们开始将自我概念区分为个人领域和学业领域，并能够从学业自我概念、社会自我概念、情绪自我概念和身体自我概念四个主要领域对自己进行评价。

3. 学会社会比较。

社会比较是指期望通过与他人比较来评价自己的行为、能力、专长。社会比较一般会参照与自己相似的他人，但也会出现向上或向下的社会比较。小学生往往采用向下的社会比较。

4. 进行自我评价。

自我评价是指主体对自己思想、愿望、行为和人格特点的判断和评价。自我评价能力是自我意识发展的主要成分和主要标志，是在分析和评论自己的基础上形成的。大量的研究表明，儿童进入小学后自我评价能力得到了进一步发展：

（1）小学生的自我评价具有独立性。从顺从别人的评价发展到有一定独立见解的评价，自我评价的独立性随年级的升高而增强。

（2）小学生的自我评价具有批判性。从盲目肯定发展为能全面看待问题，在评价时能兼顾事物的正反两方面，能对别人主要的优缺点加以评价，其评价具有批判性。

（3）小学生的自我评价内容更加广泛。随着年龄的增长，小学生自我评价的内容更加广泛，并逐渐按照由外到内的方向发展，由对身体、运动方面的评价逐渐向社会、心理等方面的评价过渡。

（4）小学生的自我评价逐渐趋于稳定。在小学低年级时，学生的自我评价时常因外部情境和事件而改变，缺乏稳定性，但随着年龄的增长和自我意识的成熟，升入小学高年级后，学生的自我评价逐渐趋向稳定。

（二）小学生道德的发展

道德是一定社会要求其成员所要达到的行为规范和行为准则的总和，这种要求是依靠社会舆论力量和个体内心信念来实现的。小学生的道德是在教育的影响下，通过自身与环境的不断相互作用而逐步形成的。小学生在道德认知、道德情感和道德行为三方面体现出显著的年龄特征。

1. 小学生道德认知的特点。

道德认知是小学生对道德现象、道德规范等道德关系以及如何处理这些关系的认识。其中，道德概念的掌握、道德信念的形成和道德评价能力的发展是衡量小学生道德认知发展水平的主要标志。

（1）道德概念的掌握从直观、具体向抽象、概括发展。

小学低年级学生对于道德概念的掌握往往停留在表面，他们只能掌握比较直观、具体、肤浅的道德概念。随着思维能力的增强以及教育的深入，高年级学生就能逐步掌握比较抽象、概括的道德概念。某小学一项针对二、四年级学生进行“什么是高尚的人?”的调查结果显示，学生们表现出三种不同的认知水平。第一种认知只停留在直观水平，例如：不打架、不骂人。第二种认知较全面，但也相对具体，例如：关心集体、爱护同学、做好事、讲文明等。第三种认知则比较抽象和概括，例如：坚持真理、实事求是等。二年级学生处于第一种和第二种认知水平的居多，而四年级学生处于第二种和第三种认知水平的居多。

（2）道德信念的形成从服从外在规范向积累内在信念发展。

小学低年级学生自身的道德信念往往还没有形成，他们对于道德规范的理解还很容易受到外部规则和具体情境的制约。随着认知能力的提高，高年级学生就能逐步摆脱外在规范的影响，形成自己独特的道德信念。瑞士著名儿童心理学家让·皮亚杰对儿童道德信念的形成做了大量研究。皮亚杰认为，6～8岁的儿童几乎绝对服从成人的权威；8～10岁的儿童就开始摆脱外部的约束并达到初步的自律道德水平；11岁以后，儿童的自律道德迅速发展，并能够达到较高的水平。以公正观念为例，7岁、10岁和13岁是儿童公正观念发展的三个重要时期。这三个年龄段儿童的公正观念分别以服从、平等和公道为特征。7岁儿童对公正尚不理解，他们只能以对成人标准的服从来理解公正；10岁儿童能够以平等或不平等来理解公正；13岁儿童就能用公道或不公道这种自己的标准来判断是否公正了，他们在理解问题时不再认为规则是一成不变的，会根据实际情境，更多地从关心和同情的角度来理解具体的行为。

（3）道德评价能力从注重行为效果向注重行为动机发展。

道德评价能力是衡量小学生道德认知发展的一项重要指标。小学生的道德成熟首先是其道德评价能力上的成熟，然后才是与道德评价相一致的道德行为上的成熟。因此，道德评价能力也是包括皮亚杰和美国儿童发展心理学家劳伦斯·科尔伯格在内的众多学者研究道德认知发展的一个主要切入点。小学低年级学生在进行道德评价时，往往只从行为所产生的效果来考虑；到了中高年级，小学生在进行道德评价时不再只注重行为效果，而是更多地考虑行为动机，注重动机与效果的统一。

2. 小学生道德情感的特点。

道德情感是在道德认知的基础上，对道德行为是否符合道德规范和道德需要而产生的内心体验。道德情感与道德认知一起构成道德动机，作为一种内在动力推动个体产生道德行为或制止不道德行为。

我国学者对于小学生道德情感的研究主要集中在爱国情感、良心、荣誉感、义务感和幸福感五个方面，并将道德情感的发展由低到高划分为五个水平：

第一级：以直接感受到的痛苦和快乐为依据的自然发生的情感。

第二级：由对直接的个人得失的预测而引起的情感。

第三级：不是按照个人意愿，而是按照社会反应而行动的情感。

第四级：不管是否自愿，而是在外部道德行为准则的作用下而引起的情感。

第五级：以已被内化的抽象道德观念为依据，并且已成为一种激励力量的情感。

通过研究发现，这五级水平的表现可以出现在任何一个年级的学生中。年级越低的学生，道德情感的发展水平越低，随着年级的升高，道德情感的发展水平逐渐提高。低年级学生正处在从第三级向第四级转化的过程中；中年级学生以第四级为主；高年级学生则有半数左右达到第五级水平。小学三年级是道德情感发展的转折期，即一、三年级的学生在道德情感发展水平方面差异比较显著，而三、五年级的学生在道德情感发展水平方面差异不显著。在道德情感的不同方面，小学生所表现出的发展水平具有不平衡性，具体表现为：义务感最强，荣辱感其次，良心和爱国情感再次之，幸福感最弱。

3. 小学生道德行为的特点。

道德行为是个体在道德动机的支配下所表现出来的有道德评价意义的行为。道德行为通过多次重复和有意识的练习，会逐渐变成道德行为习惯。国内外许多学者习惯于从亲社会行为、攻击行为和道德行为习惯这三个方面来研究小学生道德行为的特点。

（1）亲社会行为。

亲社会行为就是有利于他人和社会的行为。儿童很早就能够表现出一定的亲社会行为，随着年龄的增长，其亲社会行为呈逐渐增多的趋势。一项关于儿童分享与助人行为的研究发现，5～6 岁儿童的分享行为为 60%，7～8 岁时为 92%，9 岁以上为 100%；助人行为在 5～6 岁时为 48%，7～8 岁时为 76%，9 岁以上为 100%。可见，小学中高年级学生的亲社会行为出现的频率要高于低年级学生。

（2）攻击行为。

攻击行为是一种在精神和身体上伤害他人的行为。由于小学生的换位思考能力较弱，而自我中心意识较强，因此，在校园中经常会表现出攻击同伴的行为。张文新等调查发现，小学男生中，欺负他人者的人数显著地多于女生，但受欺负者的人数不存在显著的性别差异。邓家梅等研究发现，小学男女生的攻击行为在类型上表现为女生直接攻击水平显著低于男生，而在关系攻击上没有显著的性别差异，并且关系攻击不存在显著的年级差异，但会随着年级的升高而增多。

（3）道德行为习惯。

道德行为习惯是在道德动机的指引下形成的一种自动的行为动作。从各年级的表现来看，小学生道德行为习惯的发展水平呈现 U 型曲线，即：低年级和高年级学生水平较高，而中年级学生水平较低。这是由于低年级学生完全处于皮亚杰所说的“他律道德阶段”，服从家长和教师的权威，因此表现出具有较高服从性的道德行为习惯水平。随着小学生独立意识的发展，中年级学生逐渐放弃了一些以往的服从性道德行为习惯，但新的习惯还没建立起来，导致道德行为习惯水平暂时下降。到了高年级，小学生就能够发展出具有一定自觉性的道德行为习惯，其发展水平也会继续提高。

（三）小学生人际关系的发展

1. 小学生亲子关系的发展。

进入小学是儿童第一次真正意义上脱离家庭的“保护网”，开始走向社会。这对孩子、父母其实都是一种新的体验，他们的心理都会产生微妙的变化。

（1）父母与孩子交往的时间在变化。

以前整天“贴”在身上的“小宝宝”一下子有了自己独立的时间和空间。除去睡眠的时间，孩子和父母在一起的时间明显减少。同时，父母关注孩子的时间也在减少，因为有了学校的教育，父母也不再热衷于与孩子谈话，为孩子讲故事，陪孩子做游戏，等等。

（2）父母与孩子交往的内容在变化。

在进入小学前，父母与孩子共有一个世界，所要处理的也是孩子自身的问题，如发脾气、与小伙伴打架等。孩了进入小学后，一系列新的问题摆在父母和孩子面前。如：孩子长大了，是否该学做家务？孩子在和哪些伙伴交往？孩子学习不好怎么办？等等。许多问题如果处理不好就可能导致亲子之间感情上的变化，这对父母和孩子来说都不是好的体验。

（3）父母和孩子交往的方式在变化。

在学前阶段，基本上是父母管教孩子，孩子一般会言听计从，并且极度依赖父母。进入小学后，随着年龄和环境的变化，孩子开始独立思考问题。虽然在很大程度上他们摆脱不了对父母的依赖，还是什么事都要向父母汇报，寻求父母的意见，但是，这时候他们已经开始有自己的想法，他们想寻求父母的指导性意见，而不希望父母替自己做决定，而且他们会越来越倾向于自己做重要的决定。

2. 小学生同伴关系的发展。

虽然父母在孩子的成长过程中起着重要的作用，但同伴交往的作用是父母所不能代替的。同伴交往是小学生最主要的交往形式，也是促使学生形成和发展个性特点，形成社会行为、价值观和态度的一个独特而主要的方式。小学生的同伴关系分为友谊关系和同伴团体两方面。

（1）小学生友谊的特点。

小学生同伴关系的一个重要特点是开始建立友谊关系，并对友谊这种特殊的人际关系有了进一步的认识。友谊是和亲近的同伴、同学等建立起来的特殊亲密关系。它为小学生提供了相互学习社会技能、交往、合作和自我控制的机会，提供了体验情绪和进行认识活动的源泉，为小学生以后发展人际关系提供了基础。

美国儿童心理学家塞尔曼研究表明，儿童的友谊有以下几个阶段：

第一阶段（3～7 岁）：儿童还没有形成友谊的概念，只是由于邻近性或实利关系而形成短暂的游戏同伴关系，而且这种关系很不稳定。

第二阶段（4～9 岁）：单向帮助阶段。这个时期的儿童要求朋友能够满足自己的愿望和要求，对方如果顺从自己就是朋友，否则就不是朋友。

第三阶段（6～12 岁）：双向帮助但不能共患难的合作阶段。儿童对友谊的交互性有了一定的了解，但仍具有明显的功利性特点。

第四阶段（9～15 岁）：亲密的共享阶段。儿童发展了朋友的概念，认为朋友之间是可以相互分享的，友谊是随时间推移而逐渐形成和发展起来的，朋友之间应保持信任与忠诚，甘苦与共。这一阶段儿童的友谊关系开始具有一定的稳定性，但有强烈的排他性和独占性。

第五阶段（12 岁开始）：友谊发展的最高阶段。

（2）小学生的同伴团体。

小学时期是开始建立同伴团体的时期，因而也被称为“帮团时期”。小学生同伴团体发展要经历以下几个时期：

孤立期（小学一年级上半学期）：处于这个阶段的小学生还没有形成一定的团体，各自正在探索与谁交朋友。

水平分化期（一至二年级）：处于这个阶段的小学生还没有与其他同学建立固定的联系。在此阶段，影响小学生同伴团体形成的因素主要有：接近关系、外在因素相似性、个体需求的雷同性。

垂直分化期（二至三年级）：处于这个阶段的小学生因发展水平和身体能力高低不同，开始分化出处于支配地位和被支配地位两个状态。

部分团体形成期（三至五年级）：处于这个阶段的小学生开始分化并形成若干个小集团，出现了统帅小集团的领袖人物，团体成员的团体意识加强，出现了制约团体成员的行为规范。

集体合并期（小学五、六年级）：在这个阶段，小学生间形成的各个小集团之间出现了联合，形成了大团体，并出现了统帅全年级的领袖人物。

四、小学生的发展任务与教育

（一）注意健康教育

健康教育，即通过教育手段向个体传授健康知识，促使个体采取健康行为，培养个体健康意识的一种教育活动。进行健康教育可以提高小学生对健康问题的认知，增强他们正确解读健康信息的能力；可以培养小学生的健康情感，引发他们对健康问题的关注，形成积极态度；可以帮助小学生培养坚定的健康意志，提升他们抵制不良诱惑的能力，并促进其健康生活方式的形成。

进行健康教育有以下几点措施：

1. 根据小学生的认知水平和兴趣特点，采用图文并茂的方式传递健康知识，激发其学习兴趣。

2. 通过情感教育和交流，培养学生积极向上的情感态度，使之获得健康的情感体验。

3. 通过激发小学生的自主性和自我激励意识，使其理解健康的重要性，帮助其设立健康的目标和计划。

4. 通过提供身体锻炼、卫生保持、合理饮食等方面的实际操作指导，使其充分了解健康的好处。

在对小学生进行健康教育时，应注意以下几点：

1. 确保教育内容符合小学生的认知水平和兴趣特点。

2. 关注小学生的情感体验，注重情感教育和情感交流。

3. 培养小学生的自主性和自我激励能力，让他们主动参与健康行为的实施。

4. 着重培养小学生的健康习惯和行为，并提供实际操作指导。

5. 家长和学校密切合作，形成健康教育的良性循环。

（二）培养良好的学习态度和习惯

学习态度是个体在学习过程中所表现出的心理和行为方面的态度和态度倾向，习惯是个体在日常生活中反复形成并坚持的行为模式。

培养小学生良好的学习态度和习惯对于其学习和成长具有重要意义。第一，能够帮助小学生培养学习的兴趣和热情，获得自律和自控的能力。第二，能够培养小学生的责任感和团队合作意识，使他们积极参与集体学习和合作，形成良好的人际关系和沟通能力。家长与学校应共同关注小学生学习态度和习惯的培养，积极与孩子进行沟通交流，为孩子提供良好的学习环境，了解孩子的学习情况和需求，及时给予孩子鼓励和支持；学校可以组织各种形式的学习活动和讲座，培养学生的学习兴趣，激发其学习动力。

在培养小学生良好学习态度和习惯时，应注意以下几点：

1. 不同的小学生具有不同的学习风格和能力，应尊重个体差异，并根据他们的个体差异，采取针对性的培养措施。

2. 在培养学习态度和习惯的过程中，家长和学校应注意适度引导，给予小学生适度的自主空间，避免过度干预。

3. 家长和学校应及时给予小学生积极的激励和奖励，以增强他们的学习动力和成就感。

（三）培养阅读、写作和记忆能力

培养小学生的阅读、写作和记忆能力具有以下意义：

1. 促进大脑发育。

小学生的大脑仍在发育过程中，适当的阅读、写作和记忆训练有助于扩大他们的思维领域，提高大脑的发育水平。

2. 提升认知水平。

培养小学生的阅读、写作和记忆能力，可以促进小学生认知水平的提升，增强小学生的思维能力，促进其注意力的提升，丰富其想象力。

3. 丰富情感体验。

培养小学生的阅读、写作和记忆能力，有助于小学生更好地理解人类文化和社会生活，丰富小学生的情感体验，提高小学生的心理素质。

在培养小学生的阅读、写作和记忆能力时，需要注意：

（1）小学生的思维能力和注意力有限，需要针对他们的年龄特点进行有针对性的培养。例如，在阅读方面，可以选择适合其阅读水平和其感兴趣的书籍；在写作方面，可以从简单的句子开始，逐步引导他们提高写作能力；在记忆方面，可以采用多种技巧和游戏，帮助他们记忆知识点。

（2）要激发小学生的学习动机和兴趣。

（3）小学生正处于身心发展的关键时期，过重的学习负担和压力可能对他们的身心健康造成负面影响。因此，教师和家长应合理安排学习任务，注重培养学生的自主学习能力和兴趣，让学习成为一种积极、愉快的体验，避免过分追求成绩。

（四）促进具体形象思维向抽象逻辑思维过渡

虽然小学生的思维会逐渐过渡到以抽象逻辑思维为主，但具体形象思维仍占很大比重。有研究发现，9～11 岁的儿童表现出辩证思维的萌芽，而小学四年级（10～11 岁）是从具体形象思维过渡到抽象逻辑思维的关键阶段。在整个小学阶段，小学生的思维结构在发展过程中逐渐完整，但仍有待完善。

促进小学生的具体形象思维向抽象逻辑思维过渡对于他们的智力和认知发展具有重要意义。提供具体实践、进行思维训练和引导举一反三等，可以有效培养小学生的抽象逻辑思维能力。在培养过程中，应注意尊重个体差异，采取渐进式训练和鼓励思考、创新等策略，以便达到较好的培养效果。

（五）培养个性品质和道德习惯

个性品质，即每个人独特的、稳定的、与他人有所区别的个性特点或特质，反映了个人的思维方式、情感表达、行为习惯和社交互动等方面的特点。个性品质在塑造一个人的行为和其发展中起着重要的作用。

道德习惯是个人在行为和日常生活中所表现出的符合道德标准和价值观的习惯，它涉及个人的行为准则、责任感、公平正义观念、尊重他人等方面的要素。培养小学生的道德习惯对于他们的成长和发展至关重要，能够塑造他们的价值观，提高他们的社会适应能力和自律能力，为他们的未来发展奠定坚实的基础。

培养小学生个性品质和道德习惯可以从以下方面入手：

1. 父母和教师的示范。

父母和教师言传身教，是培养小学生个性品质和道德习惯的重要方式。

2. 激励和奖励机制。

利用激励和奖励机制，对小学生的良好行为进行肯定，促进他们积极向上发展。

3. 情境引导和角色扮演。

通过情境引导和角色扮演等方式，引导小学生根据不同情境表现出适当的个性品质和道德习惯。

（本节作者：刘秀丽）

第二节 中学生心理发展的特点与教育

一、中学生的青春期心理发展特点

（一）生理发展处于第二个高峰期

中学生正处于生理发展的第二个高峰期——青春发育期。在这个阶段，中学生的生理发展表现为身体外形的变化、体内器官机能的变化、性的成熟。

1. 身体外形的变化。

骨骼和肌肉的快速生长使中学生的身高、体重、胸围、肩宽、骨盆宽、坐高等都发生了较大变化。

（1）身高快速增长。

我国女生的青春发育期一般始于 10～12 岁；男生大约始于 12～14 岁，到 20 岁左右时发育成熟。青春发育期之前，学生身高年均增长 4.74 厘米；进入青春发育期的学生年均身高增长 6.38 厘米，且个体之间的生长速度存在明显差异。在这一时期开展包含跑、跳、踢等动作的体育活动有利于中学生体形发育得匀称、优美以及动作协调、灵巧。

（2）体重明显增加。

我国中学生青春发育期体重年均增加 5～6 千克，甚至 8～10 千克。这一时期女生的皮下脂肪积累量持续增加，但肌肉细胞增长速度慢于男生，这使女生的身体形态趋向丰满、圆润；这一时期男生皮下脂肪的发育停滞或减少，但肌肉细胞增长速度快于女生，所以男生的身体形态日益棱角分明，更显高大且结实有力。

除此以外，中学生的胸围、肩宽、骨盆宽、坐高等外形特征在 15 岁之前同样处于急速增长阶段，15～18 岁时各项特征增长速度减慢，到 18 岁末接近最高值。由于身体的快速生长占用了许多能量，这一时期的中学生常常表现得懒惰、嗜睡、易疲乏。

2. 体内器官机能的变化。

（1）心肺功能显著提高。

中学生的心脏随年龄的增长而不断发育成熟，心脏弹力增大，心脏的供血能力显著增强，心血管系统的功能显著提高。

人体的肺活量在一定程度上代表了呼吸肌的力量以及呼吸器官的发育状况。肺活量到 14 岁左右会急速发展，到 15 岁时可达 3000 毫升以上，比 10 岁时增加一倍多，且男生的肺活量要显著高于女生的。

（2）脑和神经系统更加发达。

心理是脑的机能，也是高级神经活动的机能。脑和神经系统的发育是心理发展的直接前提和物质基础。脑的发育反映在其形态、结构和机能三个方面。

表 1 - 1　中学生大脑发育情况简表

发育方面	发育表现	发育特点	发育水平
形态	重量超过 1400 克	12 岁时脑重可达 1400 克，14 岁时脑重量仍在缓慢、微量地增长	发育完成
结构	脑神经纤维变粗、分支变多，髓鞘形成	兴奋传导速度加快，精确程度提高	内部结构成熟
机能	脑部不断分化，大沟回增多且加深	兴奋过程和抑制过程能协调一致；加工速度更快，注意、记忆、计划、整合信息、自我调节等能力增强	基本发育成熟

值得注意的是，中学生的神经兴奋容易产生情绪动荡和神经疲劳，应注意满足脑发育所需的蛋白质等营养供给；注意脑的休息，保证充足的睡眠；合理安排学习和休息的时间；保持室内空气流通，使脑部得到足够的氧气。

3. 性的成熟。

性的成熟包括第一性征（性器官、性机能）的发育成熟和第二性征（体形、体态）的出现。这是人体内部发育最晚的部分。

（1）第一性征的成熟。

第一性征的成熟是指所有直接与生殖有关的生殖器官发生的成熟性变化。

男性的性器官主要包括睾丸和阴茎，一般在 13 岁开始出现显著变化，到 15 岁左右发育成熟，接近成人。男生在 12～18 岁之间会经历遗精，从初次遗精到性器官完全成熟大约需要 4～5 年。

女性的性器官包括卵巢、输卵管、子宫和阴道。女生生殖器官的发育一般从 11～12 岁开始，发育顺序依次为外生殖器、阴道、子宫、卵巢。月经初潮的到来标志着女性的性发育即将成熟，但此时卵巢的功能尚未健全，要几个月或一年以后才能规律排卵，一般到 18 岁时卵巢才达到成熟时的重量。

（2）第二性征的出现。

第二性征是指与生殖系统无直接关系，但可以用于区分性别的身体形态上的特征。第二性征是性发育的外部表现，是性成熟的外部信号，也是中学生身体外形变化和步入青春发育期的重要标志。

表 1-2　第二性征出现的顺序及表现

年龄	不同性别出现第二性征的顺序及表现	
	男	女
8～9 岁	—	盆骨开始增大，臀部开始变圆
10～11 岁	睾丸开始增大	乳头、乳房开始发育，出现阴毛
12 岁	喉结开始增大	乳房继续发育
13 岁	阴毛出现	乳房显著增大，乳晕明显
14 岁	声音变粗、低沉	出现腋毛
15 岁	腋毛和胡子出现	盆骨显著增宽
16～18 岁	四肢和身上开始长出汗毛	脸上长粉刺，骨骺线闭合

（二）中学生心理发展的主要矛盾

中学生心理发展的主要矛盾是急剧增长的成人感和独立自主的需求与尚未成熟的心理发展水平之间的矛盾。这种矛盾伴随着中学生身体的加速生长、性成熟等生理变化而来，推动着中学生心理水平的发展。

1. 生理变化对心理的影响。

青春发育期的身体变化对中学生的影响并不在于变化本身，而在于中学生如何解释自身身体变化的意义及其重要性；在于中学生如何理解他人对这种变化所做出的反应、如何判断这些变化是否符合社会文化正常模式。中学生成长经历的差异、所处环境的不同，会使他们在解释自身的生理变化时得出不同的结论，在心理变化上体现出个体差异与性别差异。

（1）一般影响。

中学生身体的变化导致他们开始关注自己的身体、容貌、风度、气质等方面。他们往往因身体的健壮、美丽而心满意足、沾沾自喜，而对体形、容貌、姿态、语言等方面的缺陷十分敏感，并由此产生自卑、羞怯、敏感、忧愁等负面情绪。中学生关于身体外表的自我期望及他人的期望会影响他们的自我形象。

体力与性意识的萌发使中学生开始产生“成人感”。他们期待像成人一样被对待与尊重，但他们经济不能独立、身心没有成熟，许多需求无法得到满足，从而易产生紧张感，做出一些过激行为。心理发展落后于生理发展使得中学生要在较长一段时间内面临生理成熟尤其是性成熟带来的困扰。

（2）早熟与晚熟的影响。

中学生的生理发育存在早熟与晚熟的现象，即他们的发育高峰出现的时间和发育的实际速度存在个体差异。这种差异往往导致他人对其行为的期望和评价也产生差异，对中学生的心理发展及其社会化进程产生很大的影响。

表 1 - 3　早熟与晚熟对中学生的影响及指导策略

<table>
<tr><th colspan="2">类型</th><th>男生</th><th>女生</th></tr>
<tr><td rowspan="3">早熟</td><td>积极影响</td><td>有利于心理发展及建立自信心</td><td>有利于培养认知能力及适应技巧</td></tr>
<tr><td>现实挑战</td><td>成人的高期望与其心理发展水平间的差距；人际关系冲突；学习失误</td><td>担心和焦虑；自信心不足；不良的自我概念</td></tr>
<tr><td>指导策略</td><td colspan="2">主动帮助其解决问题和困难，避免其产生难以与人相处的感觉或只能到社会上与人交流感情、寻找归属感，甚至误入歧途</td></tr>
</table>

续 表

类型		男生	女生
晚熟	积极影响	有利于发展认知水平及适应能力	有利于形成较好的情绪情感及人际关系
	现实挑战	在人际交往中处于不利地位；缺乏控制感；易有消极的自我评价；有自卑感	焦虑；自我怀疑
	指导策略	多鼓励，帮助其建立自信、健康积极地发展	

从上表可知，早熟与晚熟会给中学生带来不同的影响。一般来说，早熟的男孩和晚熟的女孩在情感和社会适应上会处于一个相对有利的位置，而早熟的女生与晚熟的男生在青春发育期的身体变化与适应中遇到的问题较多，这些问题给心理变化带来的消极影响可能会持续很久。

（3）月经初潮和遗精对中学生心理的影响。

月经初潮是女性月经周期的开始。女生对于月经初潮的主要心理体验包括害羞、恐慌、好奇、无所谓等。月经初潮能使大脑皮层的兴奋度降低，引发疲倦、嗜睡、易怒、忧郁、头痛等全身性反应；月经初潮时子宫周围血液循环淤滞、充血，会引起下肢发胀、腰酸等不适。这些都会加剧女生对月经初潮的消极体验。一般来说，经历了月经初潮的女生开始更多地注意身体的外表、与男生的关系，心理比没有这种经历的女生更成熟。

中学生的首次遗精常出现于睡梦中。其主要心理体验包括害羞、新奇、恐慌、无所谓等。男生遗精的次数从每星期一两次到每月一两次都属于正常现象。

男性首次遗精和女性月经初潮引起的心理反应都是正常的。只要进行正确的引导与教育，使他们从积极意义上去认识这些生理现象，就不会产生难以解决的心理问题。

2. 心理发展的矛盾特点。

中学生身体各方面都在迅速发育，并在数年内达到成熟水平，但其心理发展的速度相对缓慢，处于从幼稚向成熟发展的过渡期。这种生理与心理发展的不平衡和急剧的转变使中学生承受着由成长带来的矛盾与压力。一方面，他们产生了对成熟的强烈渴望、感受和追求，另一方面，他们在认知能力、人格特点和社会经验方面并没有成熟。这种生理成熟和心理成熟的“异时性”使他们处于一种“边缘人”的不稳定状态，出现了矛盾心理。这种矛盾表现如下：

表 1-4　中学生心理发展的主要矛盾类型及表现

矛盾类型	表现
反抗性与依赖性的矛盾	不服从权威，不愿意轻易接受成人的意志或意见；希望从父母那里得到精神上的理解和支持，需要在自由的气氛中同师长平等交流；在遭遇挫折时仍需要成人的帮助和指导
闭锁性与开放性的矛盾	对师长表现出心理的闭锁性；通过写日记来分析自我、保守秘密、减轻内心的不安和烦恼；对朋友等同龄人表现出开放性，乐于吐露心声；希望得到同情和理解
勇敢与怯懦的矛盾	有时莽撞、冒失，有时局促不安、怯懦
高傲与自卑的矛盾	情绪起伏不定、时高时低，成功了就沾沾自喜、自以为是，失败了就自我怀疑、极度自卑
否定童年又恐惧独立的矛盾	有很强的成人意识，期望展现出更接近成人的姿态；在面临新问题、新环境时又无法摆脱对父母的依赖

二、中学生的认知发展与促进

（一）中学生智力的发展

1. 中学生智力发展的总体特点。

智力的发展并不等速。中学生的智力发展水平是随年龄的增长而提高的，发展速度比幼儿期、童年期有所减缓，但整体还处于上升阶段。中学生 18～20 岁时智力发展基本成熟，达到发展的最高峰。

信息加工取向的观点认为，智力是信息加工的过程，智力的发展变化具体体现在对信息加工的每个环节上。下面选取信息加工过程中的注意、记忆、思维三个环节，介绍中学生智力发展情况。

2. 中学生注意的发展。

注意是指心理活动对一定事物的指向性和集中性。当个体的注意集中于某一事物时，其意识的指向范围就会相应缩减。注意的基本功能是：选择信息、保持和调节。根据产生和保持注意时有无目的性及意志努力程度的不同，可以将注意分为三类：无意注意、有意注意和有意后注意。

表 1-5 无意注意、有意注意和有意后注意

注意类型	定义	特点	功能
无意注意	预先没有目的，也不需要意志努力的注意	依靠刺激物本身的特点和性质	消极且被动
有意注意	有预定目的，需要一定意志努力参与的注意	通过内部语言的形式实现对行为的调控	积极且主动 用于完成学习和工作
有意后注意	有一定目的，但不需要意志努力的注意	是有意注意进一步深化发展的结果	用于完成长期、持续的任务

学生年龄越大越能坐得住板凳，这正是其注意品质，即注意的稳定性、注意的广度、注意的分配、注意的转移水平不断提高的表现。

（1）注意的稳定性逐渐提高。

注意的稳定性对中学生成绩的影响比学习能力对成绩的影响更为显著。中学生的有意注意逐渐代替无意注意占据主导地位，他们能够按意志来调节、控制自己的注意，使之指向和集中于学习活动。

（2）注意的广度不断拓宽。

注意的广度主要依赖于个体知识经验的丰富程度，也受知觉对象组合方式的影响。在 100 毫秒内，小学生、初中生能看到的客体数量分别为 2～3 个、4～5 个，而高中生的注意广度已接近成人水平。

（3）注意的分配与个体动作的自动化程度密切相关。

在同时进行的两项活动中，必须至少有一项是中学生所熟练的，这样他们才能把大部分注意集中到较为生疏的活动上而使活动协调进行。小学生的注意分配能力很低，很难同时兼顾两项活动，初中低年级学生也容易出现顾此失彼的现象，高中学生则逐渐能够根据不同性质的活动任务较好地分配注意。

（4）注意的转移能力差异不大。

注意的转移主要取决于个体原注意的紧张程度和新对象对其的吸引程度。中学生注意的转移速度有所加快，但发展十分缓慢，个体差异不大。

3. 中学生记忆的发展。

记忆是指人脑对过去经验的保持和提取，是认知过程的重要组成成分。按不同的标准可对其进行不同的分类。

表 1 - 6　记忆的不同分类

分类标准	记忆的分类			
按记忆内容分类	形象记忆	语词记忆	情绪记忆	运动记忆
按目的和动机分类	无意记忆		有意记忆	
按理解程度分类	机械记忆		意义记忆	
按保存时长分类	瞬时记忆	短时记忆	长时记忆	

中学生的记忆水平随年龄增长而不断提高。16 岁左右记忆水平达到巅峰，16～18 岁保持在记忆发展的“黄金时期”。中学生的记忆发展有如下特点：

（1）记忆材料影响记忆效果。

一般来说，中学生对直观形象材料的记忆优于对抽象材料的记忆，对图形的记忆优于对词语的记忆。记忆同样的语言材料时，视觉记忆优于其他感官记忆。

（2）学会选择使用记忆方法。

随着有意记忆和无意记忆的水平不断提高，且有意记忆逐渐占据主导地位，中学生逐渐学会根据不同背诵内容选择适当的记忆方法。

（3）短时记忆容量不断变化。

中学生的短时记忆容量随年级的增长发生变化，且与记忆材料是否有意义密切相关。当记忆材料有意义时，短时记忆容量呈现随年级增高而加大的趋势，但发展至大学阶段时就不再增加了；当记忆材料无意义时，短时记忆容量的发展到初二就达到顶峰，高中时期与之持平甚至有所下降。

（4）意义记忆逐渐占主导地位。

学生的机械记忆在 11 岁左右急剧上升，进入初中后先基本保持不变，再转为意义记忆。到了高中阶段，意义记忆开始占据主导地位。有研究数据显示，12 岁学生的机械记忆占 55%，意义记忆占 45%；15 岁学生的机械记忆占 17%，意义记忆占 83%。

4. 中学生思维的发展。

中学生智力发展的关键体现在思维的发展上，其发展的基本模式是由形象思维到抽象思维再到辩证思维的过渡，也就是思维逐步符号化的过程。

初中学生的形象思维趋于成熟，抽象思维逐渐占据主导地位，但很大程度上还处于经验水平，初二学生的抽象逻辑思维开始由经验水平向理论水平转化。

高中时期，形式逻辑思维的发展较为稳定而匀速，而辩证逻辑思维的发展则比较迅速。在此阶段，学生的形式逻辑思维获得了相当完善的发展，在思维活动中占据主导地位，而辩证逻辑思维的发展水平低于形式逻辑思维，两者的发展相辅相成，使中学生的思维水平更高、更成熟、更完善。

（二）中学生认知发展的促进

1. 李普曼儿童哲学课程。

儿童哲学课程是美国哲学家和教育家马修·李普曼开发的智力训练方案，它通过让学生阅读哲学小说和进行集体讨论，训练学生的推理、批判性思维能力，发展学生智力，迄今已在包括中国在内的 50 多个国家推广普及。

儿童哲学课程适合学龄前儿童至高三学生，共分 6 个阶段，每个阶段有一本内容不同的儿童哲学小说，并配有教师指导用书。

儿童哲学课程以小说的形式设计出对话、提问和讨论的环境，其课堂不是讲授式的，是群体探究式的。首先，儿童围坐成一个圆圈，依次朗读哲学小故事；然后，教师鼓励儿童说出故事中有趣的内容或有疑问的问题，并把这些问题收集在一起；最后，教师要求大家选择一个问题作为讨论的主题，一起讨论，并得出结论。这样的课程形式能充分发挥儿童的主体性，促使儿童像哲学家一样思考，使儿童的思维从日常、常规思维转向反思、批判性思维。

2. 巴尔特斯智慧的提高方法。

中学生正处于形式运算阶段，理性逻辑思维能力已基本成熟，而处理人生问题的社会智力仍在发展中。研究者安排个体采用出声思维法思考生活中的困难问题（与高考自主招生面试题类似），然后根据智慧的五个标准判断个体智慧水平。

判断智慧水平的标准：（1）具有丰富的关于人性和生命历程的知识；（2）具有丰富的处理生活问题的程序性知识；（3）理解生活的不确定性；（4）重视相对主义，了解个体可能面对不同的生命情境；（5）具有处理不确定情况的知识。

困难问题示例：一个14岁的女孩想离开家结婚，人们会怎么想？

高智慧水平回答示例：首先，我会问女孩为什么想离开家。可能是由于家庭暴力、虐待或者青春发育期的情绪问题。如果是家庭问题，就要考虑问题的严重性，很严重的话就有必要帮助女孩尽快离开家。如果是女孩的情绪问题，那我会和女孩及其父母谈话。如果无法和解，会考虑让女孩暂时离开家，很多时候这种办法是有效的。不管怎样，事情的解决要考虑随时变化的情境，过一段时间可能需要改变解决方式，对于中学生来说，这种想法可能随时会消失……

低智慧水平回答示例：14岁女孩想结婚？不可能。14岁就结婚肯定是错的，必须有人告诉她不能结婚。没办法支持这种观点，太疯狂了！

德国发展心理学家保罗·巴尔特斯和德国化学教育家施陶丁格提出：人类处理生活中复杂、不确定的生活情境的知识系统是智慧。上述问答练习以及与人生导师（遇到重大问题时，你会看重他观点的人）进行讨论均能提高个体的智慧水平。

3. 斯滕伯格的成功智力教学法。

美国心理学家罗伯特·斯滕伯格认为成功智力包含分析能力、创造能力和实践能力，语文、数学、外语、科学、社会、美术、音乐和体育等学科都可以训练这三种能力。下面给出如何在数学学科中运用成功智力教学法培养学生创造能力的范例：

（1）重新界定问题：鼓励学生根据某数学题提出与原题不同的问题；

（2）质疑并分析假设：鼓励学生思考公式是怎么推导出来的；

（3）兜售创意：鼓励学生去说服同学相信他提出的解题方法是正确的；

（4）引导学生意识到知识的两面性，换一种方法去解答已经解出来的数学题；

（5）明确困难并解决困难：在学生遇到困难时，帮助学生明确问题并鼓励其继续坚持克服困难；

（6）明智地冒险：要求学生尝试解答看上去很难的数学题；

（7）忍受不确定性：鼓励学生去解一道他从未解出来的题目；

（8）增加自我效能感：鼓励学生去解很难的、可以额外加分的数学题；

（9）发现真正的兴趣：让学生找出数学在体育、美术等活动中的用途；

（10）延迟满足：鼓励学生将复杂的方程分解为小的、简单的部分；

（11）示范创造性：让学生根据一项他感兴趣的运动来编写数学题。

研究发现，成功智力教学方法不仅能显著地提高学生的学习能力和学习成绩，还能提高学生的成功智力。

4. 爱德华·德·波诺“六顶思考帽”思维训练工具。

英国心理学家爱德华·德·波诺是创造性思维领域和思维训练领域举世公认的权威人物，被尊为“创新思维之父”。他提出了“六顶思考帽”思维训练工具。

“六顶思考帽”是一种水平思维工具，每一种颜色的帽子代表一个思考的方向。在水平思维下，个体从多角度观察和思考同一件事，有助于捕捉偶然发生的构想，提出富有创造性的见解、观点和方案。其使用顺序、寓意及功能见表 1 - 7。

表 1 - 7 “六顶思考帽”水平思维工具

顺序	类型	寓意	功能
1	白帽	中立而客观，关注客观事实和数据	陈述问题
2	绿帽	创造力和想象力，创造性思考、头脑风暴、求异思维	提出解决方案
3	黄帽	价值与肯定，从正面考虑问题，表达乐观的、建设性的观点	评估方案优点
4	黑帽	怀疑与否定，从负面考虑问题，运用否定、怀疑的看法合乎逻辑地进行批判，找出逻辑上的错误	列举方案缺点
5	红帽	情感，表达直觉、感受、预感等方面的看法	进行直觉判断
6	蓝帽	负责控制和调节思维过程，得出结论	总结陈述与决策

在使用“六顶思考帽”进行思考的过程中，思考者们要在同一时间只做一件事情，学会将逻辑与情感、创造和信息等区分开来。

三、中学生情绪与社会性的发展

（一）中学生自我意识的发展

1. 自我意识的定义。

自我意识是自我对自己身心活动的觉察，即自己对自己的认识。具体包括认识自己的生理状况（如身高、体重、体态等）、心理特征（如兴趣、能力、气质、性格等）以及自己与他人的关系（如自己与周围人相处的关系、自己在集体中的位置与作用等）。

自我意识是由自我认知、自我体验和自我调节（或自我控制）三个子系统构成的，包含知、情、意三个方面。

自我认知是自我意识的认知成分。它是自我意识的首要成分，也是自我调节控制的心理基础，包括自我感觉、自我概念、自我观察、自我分析和自我评价。

自我体验是自我意识在情感方面的表现。自尊心、自信心是自我体验的具体内容。

自我调节是自我意识的意志成分，是自我意识中直接作用于个体行为的环节。它是一个人自我教育、自我发展的重要机制，主要表现为个人对自己的行为、活动和态度的调控，包括自我检查、自我监督、自我控制等。

2. 中学生自我意识的基本特点。

进入青春发育期后，中学生快速到达生理发展的第二个高峰，他们在产生惶惑感的同时，思想意识再一次进入自我，开始了自我意识的第二次飞跃。该阶段中学生自我意识的特点体现为以下几点。

（1）自我评价日趋成熟和稳定。

自我评价是与个体认识能力发展相关的一种自我意识的表现，是一种包含社会行为准则的知识和主观经验的复杂心理和行为。具体是指个体对自身的思想、能力、水平等方面所做的评价。中学生的自我评价较为主动、客观和全面，能对自己的过失进行反思，能比较正确地对待自己的成功和失败。

（2）成人感和独立感显著。

中学生的生理发展达到第二个高峰，其心理品质尤其是思维能力也迅速发展，他们能按社会化标准来激励自己。中学生在学校和家里的地位也发生了变化。这些变化使他们意识到自己不再是小孩子了，他们努力向成人看齐，并希望自己有一定的自主权，自己的事情能够自己做主。

（3）自我控制能力得到提高。

中学生的自我控制能力得到了明显提高，已不再依赖外部的暗示。他们会为实现预定目标而刻苦攻读，会为形体优美而坚持健美锻炼，其自控能力有时能达到惊人的程度。

（4）自尊心逐渐增强。

中学生的自尊心特别敏感，他们为使自己与众不同而努力完善自我，进取心也相应得到增强。

总之，中学生的自我观察、自我评价、自我体验、自我监督、自我控制等自我意识方面获得了高度的发展，并渐趋成熟。

（二）中学生情绪和情感的发展

1. 情绪和情感的定义。

（1）什么是情绪。

情绪是以个体的愿望和需要为中介的一种心理活动，是个体与环境之间某种关系的维持和改变，反映或表达个体所体验到的互动情境的行为特征。当客观事物或情境符合主体的愿望和需要时，就能引起积极的、肯定的情绪；当客观事物或情境不符合主体的愿望和需要时，就会产生消极、否定的情绪。

（2）什么是情感。

情感，就广义而言，它与情绪一样，是个体对客观事物的态度体验；从狭义讲，它不完全等同于情绪，它是和人的社会性需要相联系的一种较为复杂而稳定的态度体验，如道德感、审美感、理智感等。本章提及的情感指狭义的情感。

2. 中学生的情绪发展。

中学生随着心理能力的发展、生活经验的丰富、认知能力的提高，情绪的感受和表现形式不再像以往那么单一，但仍远不如成人的情绪那么稳定，具有明确的两面性；其道德情感、理智情感、审美情感等逐渐上升至主导地位，且水平在不断提高。中学生情绪发展的特点表现为以下几点：

（1）强烈、狂暴性与温和、细腻性共存。

中学生的情绪表现有时是强烈而狂暴的，但并不是一直强烈，有时也表现出温和、细腻的特点。情绪的温和性是指个体的某些情绪在掩饰之后，以一种较为缓和的形式表现出来。情绪的细腻性是指个体情绪体验的细致特点。青少年的情绪表现变得越发丰富和细致，有些情绪感受并非由外部刺激引起，而是加入了主观因素。

（2）情绪的可变性与固执性共存。

情绪的可变性是指情绪体验不够稳定，常从一种情绪转为另一种情绪。这种特点一般是由情绪体验不够深刻造成的。情绪的固执性是由中学生对客观事物的认识存在偏执性、片面性导致的。

（3）内向性与表现性共存。

情绪的内向性是指情绪表现形式上的一种隐蔽性。中学生的情绪已经不再毫无掩饰地表现为单纯和率真，有时他们能将一些情绪藏于心中而不表现出来。情绪的表现性是指在情绪表露的过程中，自觉或不自觉地带上了表演的痕迹。

3. 中学生的情感发展。

（1）道德情感的发展。

道德情感是指中学生根据一定的社会道德规范评价自己和他人行为时产生的一种内心体验。道德情感主要包括爱国感、同情感、正直感、责任感四种。

（2）理智情感的发展。

理智情感是指中学生对认识活动进行评价时产生的一种内心体验。它与科学文化知识学习、能力发展、相应观念紧密相连。理智情感主要包括乐学感、探究感、自信感、好奇感、成就感五种。

（3）审美情感的发展。

审美情感是指中学生在对物质或精神的美进行评价时产生的一种内心体验。审美情感主要包括自然美感、艺术美感、工艺美感、环境美感、科学美感五种。

中学生的道德情感、理智情感、审美情感的社会化程度越来越高，其发展后期已经接近甚至达到成年人的水平。

(三) 中学生的性别角色发展

性别角色（Gender Role）是指个体在社会化过程中逐渐形成的与自己的生理性别相适应的行为规范，是个体社会化的一项重要内容。性别角色的发展与稳固对一个人的个性发展、社会适应等都起着非常重要的作用。

1. 性别角色的分类。

传统的性别角色模式假设性别角色的维度是单一的，男性化和女性化是该维度的两极，个体的性别角色特征处于该维度的某一点上。传统的性别角色模式认为具有男性化特质的男性和具有女性化特质的女性在心理上更健康。（如图 1－1）

男性化 ←——————→ 女性化

图 1－1　传统性别角色模式示意图

美国心理学家贝姆根据双性化的概念，以社会赞许性为基础，制定了第一个测量双性化的量表——贝姆性别角色量表。通过测量发现，男性分量表和女性分量表的得分相关度很低，这支持了男性特质和女性特质是两个不同维度而非一个维度的两极的假设。于是，贝姆得出四种性别角色类型：女性化类型、双性化类型、未分化类型、男性化类型。（如图 1－2）

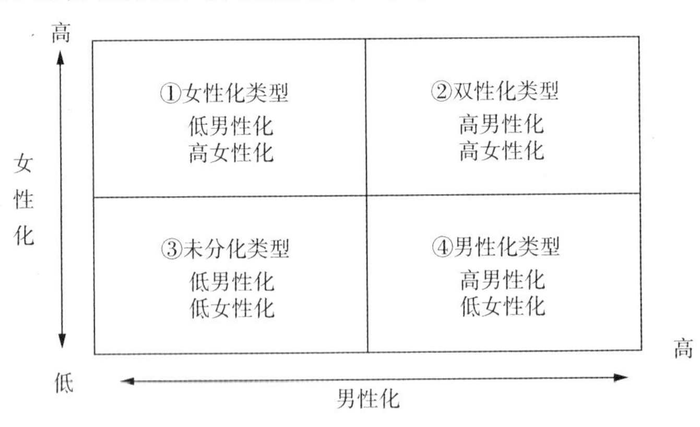

图 1－2　男女双性模式示意图

2. 中学生的性别角色教育。

（1）性别角色教育存在的问题。

性别角色教育的缺失。性别角色教育是社会化任务之一。我国当前的性别角色教育几乎是缺失的，心理健康教育（包括性别角色教育）课程开设较少。家长和教师在性别角色教育的过程中存在一种去性别化的教育误区，即忽视男女两性性别角色发展的不同需要，给男生、女生完全相同的期望、要求和教育，使学生的个性发展需要（包括男女生不同的成长需求）得不到充分满足。

单性化性别角色教育的误区。由于缺乏科学的性别角色教育理念，包括家长和教师在内的教育者对儿童性别角色发展所施加的影响盲目的。不是从双性化视角出发，而是以内隐的性别刻板印象为基础；不是双性化的，而是单性化的。人们想要培养受教育者具有典型男性化或典型女性化特征，忽视对女孩子进行勇敢、坚强、果断等优秀男性特征的培养，忽视对男孩子进行细心、同情心、善解人意等优秀女性特征的培养。这会阻碍儿童发展异性积极特征，限制儿童个性的健康全面发展。

（2）双性化性别角色教育的实施途径。

随着科学知识的普及和社会大众观念的更新，双性化逐渐成为一种被广泛认可的理想性别角色发展模式。家庭、学校以及社会等应相互配合，以教育活动、教育材料、书刊、电影、电视和广播等为载体，宣传和进行双性化性别角色教育，使处于社会化进程中的儿童和中学生在性别角色的发展上摆脱性别刻板印象的禁锢，形成一种适合社会发展需要的双性化人格品质。

四、中学生社会情感学习与品格教育

（一）社会情感学习

“社会情感学习”（Social Emotional Learning，简称 SEL）是旨在帮助个人发展技能、态度、价值观以获得社会与情感能力的过程，包括认识及管理自己的情绪、发展对他人的关爱、做出负责任的决定、建立并维持积极的人际关系、有效地处理各种问题的能力。

CASEL（学术、社会与情感学习协作组织）经过长期的研究，总结出如下五种社会情感学习的核心能力：

1. 自我意识，指个体对自身感受、兴趣、价值观和能力优势的准确判断和认识。

2. 自我管理，指监控和调节自己的情绪以处理焦虑，控制冲动，在面对困难与挫折时坚持不懈；设立目标并监督自己朝目标努力，适当表达自己的情绪情感。

3. 社会意识，指学会站在他人的角度思考，认识并理解他人的想法与感受；认识并学会欣赏自己与他人之间的相同点与不同点；学会发现并善于利用家庭、学校和社会的资源。

4. 人际关系技能，指能够抵制不当的社会压力，制止危险、不道德或非法的行为，积极有效地与他人沟通；在合作的基础上与他人建立并维持健康的、积极的人际关系；预防、管理并妥善解决人际冲突；需要帮助时能主动寻求他人的帮助。

5. 负责任地决策，指在综合考虑道德标准、安全性、社会规则、法律规定、尊重他人的基础上做出决策；将这些决策技能应用到学习和生活中，负责任地解决各种问题；对自己所在的学校、社区以及社会的健康发展做出贡献。

（二）社会情感学习项目

在学校中开展“社会情感学习”活动，能够增强学生的社会和情感能力，改善学生的学习和生活态度，减少学生的情绪和行为问题，提高学生的学习成绩。该项目已实施多年，相应的课程比较成熟。

1.“第二步”课程。

20 世纪 90 年代，美国研究者和教育者将“情绪能力”概念应用于中小学教育，并提出了社会情绪学习课程的概念。“第二步”课程是社会情绪学习课程的项目之一，该项目是暴力预防课程的一部分，旨在教育学生通过观察学习社会情绪技能，并通过训练培养共情能力，掌握控制情绪的方法，减少冲动行为和攻击行为，提高解决社会问题的能力。该课程的理论基础是社会学习理论和社会信息加工模型，课程内容包括共情、冲动控制和愤怒管理。共情是该课程的核心概念，也是冲动控制和愤怒管理的基础。该课程学习内容具体丰富，教学方法灵活，评价方法具体详细。

2.“强健儿童”系列课程。

“强健儿童”系列课程是美国俄勒冈大学教授玛瑞尔基于“社会情感学习”课程而研发的短期社会情绪学习项目。该课程的理论基础是认知行为疗法。课程主要内容包括：理解自身情绪；应对愤怒；理解他人的感受；清晰的思维；积极思维的力量；解决人际问题；释放压力；设定目标；改变行为。该课程的特点有：适用范围较广（从幼儿到高三年级）；课时简短（半个学期即可完成），短期见效快；高度结构化，半脚本化，很容易在实际教学中开展；花费少；得到了大量实证研究证据的支持。

3. 联合国儿童基金会社会情感学习项目——宁夏盐池县项目。

在我国教育部和联合国儿童基金会的大力支持下，教育部—联合国儿童基金会社会情感学习项目于 2011 年引入中国。该项目在宁夏、云南、四川、广西、青海、甘肃、内蒙古、新疆、西藏等地区实施。杨群以宁夏盐池县项目为例，在借鉴西方发达国家的做法和经验的基础上，提出了包括学校环境建设、学校制度、学校管理、课堂教学、校长层面、家长层面和社会情感学习校本课程开发等层面的社会情感学习应用策略。

（三）品格发展指导

青少年成长与教育的重心不应是聚焦不同的发展问题，而是应从品格优势的视角出发，全面了解青少年的发展需要和动力。一方面，品格优势的发展促使中学生对自我发展、他人及社会做出贡献。另一方面，积极的品质能够帮助中学生抵御各种发展的风险。当处于不利的环境中、面对风险和压力时，他们的抵御能力越强，成长结果越好。

青少年积极发展观认为，所有中学生都具有积极发展的潜在能力。那么，哪些品格在中学阶段发育、成长呢？研究者们提出了三种不同的理论模型。

1. 塞利格曼和彼得森的品格优势模型。

美国心理学家马丁·塞利格曼和克里斯托弗·彼得森提出了积极行为分类评价系统，总结了人类具有 6 大类美德、24 项品格优势。

表 1－8　塞利格曼和彼得森的品格优势模型

美德的种类	品格的优势
智慧	好奇心、热爱学习、判断力、创造性、社会智慧、洞察力
勇气	勇敢、毅力、正直
仁爱	仁慈、爱与被爱

续 表

美德的种类	品格的优势
正义	公民精神、公平、领导力
节制	自我控制、谨慎、谦虚
超越	美感、感恩、希望、信仰、宽恕、幽默、热忱

2. 勒纳的“5C 模型”。

表 1-9 “5C 模型”及其含义

5C	含义
能力	中学生在社会、认知、学术与职业等具体领域中的能力。社会能力涉及人际交往的技能（如冲突的解决）；认知能力涉及认知的技能（如做决定）；学术能力包括课堂参与和考试或测验成绩；职业能力包括职业习惯与对职业选择的探索
自信	关于自我价值和自我效能的整体内部感受
联结	中学生与同伴、家庭、学校以及社会之间的双向受益的关系，这种双向关系反映了中学生与他人、与制度的积极联结
品格	对社会和文化规则的尊重，拥有判断是非善恶和道德的标准
关爱	对他人的同情的感受

心理学家勒纳提出了中学生积极发展的“5C 模型”，这是当代应用发展科学中的主流理论模型。

3. 本森的发展资源模型。

表 1-10 本森的发展资源模型

分类		包含内容
内部资源	投入学习	学业进取心和成就动机、参与学校活动、学校归属感、重视家庭作业、爱好阅读
	积极价值观	关爱、诚实、平等和公正、正直、责任感、自控
	社会能力	制订计划和做出决策、交往能力、文化能力、对不良影响的抵制能力、和平解决冲突的能力
	自我同一性	自我效能感和主观能动性、自尊、目标感、对未来的积极展望

续　表

分类		包含内容
外部资源	支持	家庭支持、积极沟通、与长者建立良好的关系、关爱邻居、融洽有爱的学校氛围、父母参与学校生活
	授权	社区重视中学生、委以重任、为他人服务、安全
	规范与期望	家庭规范、学校规范、邻里规范、成人示范、积极的同伴影响、高期望
	有效利用时间	创意活动、中学生项目、社团、留在家中

本森等人提出了发展资源模型，该模型包含内部、外部资源各 20 种。外部资源是指能够促进中学生健康发展的环境特征，又称生态资源。内部资源指中学生身上具有的价值标准、胜任特征及技能。该模型将生态环境特征和个人品格特征相联系，既关注中学生自身拥有的天赋、能力，也强调社会的支持和机会提供的“养分”，二者相互作用，共同促进中学生积极发展。

研究者对中学生品格优势的分类既存在相同点，也有差异。相同点表现在：(1) 这些品格具有普适性，即可以在本民族中学生身上观测到；(2) 具备的优势品格越多，意味着中学生未来越可能幸福和成功；(3) 品格优势有利于帮助中学生抵御发展风险；(4) 品格优势在人生的第二个十年具有一定程度的可塑性。理论模型的差异主要源于研究出发点的差异。各种理论模型如同打开的“窗口”，让我们得以审视中学生品格优势的发展。品格的培养应重视理论模型的互补性，并将理论模型应用于教育实践。

4. 品格优势的成长途径。

结构化自愿活动（如体育活动、表演和美术活动、学业性活动、服务类活动）具有目标明确、结构清晰、反馈及时等特点。活动中，明确的目标指引行动的方向，能使中学生对活动的投入程度更深；清晰的结构能引导中学生将大目标拆解为小目标，既保证活动有序推进，又提升中学生的自我效能感；及时的反馈也能帮助中学生获得自我效能感，让中学生更持久地参与活动。所以，这类活动能够促进品格优势成长。

活动组织者在设计活动时，还应注意为中学生的同一性探索、自控力发展、团队合作精神培养提供机会，帮助中学生拓展与同龄人和非父母成年人的联系，促进其品格优势的成长。

五、中学生的发展任务与教育

（一）青春期的性教育主题

1. 认识青春期生理变化。

因为中学生对青春期具有懵懂的认识，所以当青春期来临时，中学生会感到新奇和恐慌。鉴于此，首先，应适时向学生传递第二性征发育的常识，让学生对身体变化有准备；其次，应引导学生形成对男生遗精和女生月经现象的正确认识，避免其产生过度的恐慌和焦虑；再次，应帮助学生了解早熟者和晚熟者的个体差异，让学生不因自己的身体变化速度与同伴不同而焦虑。

2. 对憧憬异性和情感萌动的引导。

中学生对异性产生懵懂的憧憬和情感懵懂是其青春期的正常表现，很多中学生无法正确处理自己的这种憧憬和萌动，会因过早陷入爱情而影响学业成绩。家长和教师可以从正确认识和理性对待两个层面尝试对学生进行引导，避免学生做出不成熟的选择。

（1）正确认识异性憧憬以及情感萌动。

应该让中学生认识到，第二性征发育后，对异性的憧憬和情感萌动是普遍存在的正常现象，不应对此产生过多的幻想或进行过多的关注。

（2）理性看待爱情，树立正确的择偶观。

应该引导学生通过学习斯滕伯格爱情三角等心理学知识，认识到成熟的爱情不只包括欣赏迷恋，还包括相互信任和责任承诺。其中的责任承诺是指为对方更好地成长而做出贡献，而不是让对方的学习和成长受到干扰和破坏。同时，可引导学生思考自己未来的择偶观，不能因为一时的激情随意地被追求者所打动，使自己尚未充分展开的人生之路过早定型，降低做出不成熟选择的可能性。

3. 对性冲动和手淫的引导。

一方面，让学生知道性冲动和手淫都是第二性征发育之后的正常现象，不必为此而自责或焦虑；另一方面，要让学生知道可以通过丰富多样的活动，例如打球、演奏乐器、参加社团等，将注意力分散到促进个人发展和成长的事情当中。

4. 讨论与性相关的道德与责任等问题。

讨论与性相关的道德与责任等问题，能够帮助学生更深入地分析和理解性可能对其现阶段学习和生活产生的深刻影响。讨论的主题可以包括尊重对方的意愿，设身处地为对方考虑可能造成的消极后果，预防性疾病与早孕，等等。

（二）青春期的心理健康教育主题

1. 培育积极的自我意识。

了解自己的优势，接纳自己的缺点，意识到个人的独特价值，不把人际比较作为判断自我价值的条件，形成自尊自信的心态。

2. 发展对外部世界的兴趣。

不把注意力过多地用于自我探索和反思，而用于探索世界，了解世界，发展广泛的兴趣。在运动、文学、艺术、科普知识、手工制作、社团活动等诸多方面发展丰富的爱好。

3. 培养求知欲和内在学习动机。

不只为了成绩、名次、考试结果、升学择业、出人头地等外部动机而学习，还要形成内在的学习动机，发展求知欲，把掌握新知识和发展新技能作为自己学习的目标。

4. 加强自我调节能力。

不是去抱怨外部世界的种种不完美，而是去不断调整自己应对外部世界压力的方式，使自己能更好地适应各种各样的关系和情境。学习调节情绪的技巧，善于选择情境、影响情境，能够将不合理的消极观念转变为有利于事情发展的积极观念。能够熟练地操控注意力的焦点，把注意力从烦恼思绪转移到手边的学习任务和生活事务中去。了解自身年龄阶段的冲动性特点，避免做出冒险行为，尤其要能够抵抗来自不良同伴群体的压力。用平常心态对待考试的各种可能结果，克服考试焦虑。

5. 培育未来的理想信念。

更多地思考未来发展，乐观看待未来。把握升学选择的方向，培养职业规划意识，树立早期职业发展目标；在充分了解自己的兴趣、能力、性格、特长和社会需要的基础上，确立自己的职业志向，培养职业道德意识，进行升学、就业的选择和准备，培养担当意识和社会责任感。树立人生理想和信念，形成正确的世界观、人生观和价值观。

（三）中学生的人际关系优化

1. 同伴关系的优化。

同伴对中学生的影响程度超过了成人的影响，所以同伴关系对于中学生十分重要。引导中学生培养广泛的兴趣爱好和参与丰富的集体活动，发展广泛的人际关系，避免形成孤独感；引导中学生正确认识自己的人际关系状况，设想多种解决人际冲突的策略，掌握建立新关系的技能，培养人际沟通能力，善于理解他人，促进人际的积极情感反应和体验。

2. 亲子关系和师生关系的优化。

家长和教师要意识到中学生日渐增强的独立自主需求，鼓励中学生自主管理、自主学习、自我规划与自我反思；教育模式应逐渐从高控制型教育方式转为支持型教育方式，赋予中学生与年龄相符的责任，鼓励中学生成为独立自主的社会成员。

（本节作者：盖笑松）

第二章

中小学心理健康教育的目标与内容

中小学心理健康教育是中小学教育活动的重要组成部分。在中小学阶段，教师基于中小学生的身心发展特点，针对中小学生容易出现的身心问题，开展系统的中小学心理健康教育活动，对提高中小学生心理素质、促进中小学生心理健康发展具有推动作用。

第一节 中小学心理健康教育的目标

一、中小学心理健康教育的总目标

教育部于2012年修订的《中小学心理健康教育指导纲要》（下文称《纲要》）明确指出，心理健康教育的总目标是："提高全体学生的心理素质，培养他们积极乐观、健康向上的心理品质，充分开发他们的心理潜能，促进学生身心和谐可持续发展，为他们健康成长和幸福生活奠定基础。"该项总目标是对心理健康教育工作的基本要求和整体性规定。

（一）提高全体学生的心理素质

"提高全体学生的心理素质"这项总目标中有两点值得注意的地方。第一，心理健康教育需要面向全体学生，这意味着学校开展心理健康教育不应仅关注那些已经出现心理问题的学生，而是要面向所有学生，提高所有学生的心理健康水平。第二，《纲要》将提高学生的"心理素质"放在了总目标的首要位置。为了提升中小学生的心理素质，心理健康教育应当注重学生认知、情感、意志以及个性等方面的培养，通过这些方面的系统教育，促进学生认知、情感、意志以及个性等方面的发展，促进其心理素质的整体提高，使其能够符合未来社会的要求。

（二）培养学生积极乐观、健康向上的心理品质

乐观的心态作为一种积极的心理特征，对人们的心理健康、学业发展以及身体健康都有着积极的影响。美国积极心理学家塞利格曼（Seligman）提出，保持乐观的态度不仅能够预防抑郁，还能提升心理健康的整体水平，而且这种乐观态度是可以通过教育来培养的。乐观的心态对于中小学生的成长至关重要，需要我们通过心理健康教育来帮助其实现。

健康向上是对一系列心理品质综合特征的概括，指的是这些品质具有积极的倾向。在培养中小学生心理品质过程中，心理健康教育发挥着引导这些品质向积极、健康和向上方向发展的关键作用。

（三）充分开发学生的潜能

心理健康教育强调对学生潜在能力的挖掘。首先，每个学生都拥有内在的、未被充分利用的巨大潜能，这些潜能往往未被学生自身察觉，但代表了他们可以达到的发展高度。中小学生正处于成长和发展的关键阶段，他们在生理和心理上都拥有巨大的成长空间，这为潜能的开发提供了广阔的舞台。其次，潜能的全面发展是心理健康的一个重要特征。心理健康的青少年不仅拥有积极的内在品质，还能够在最大限度上发展自己的潜能。因此，一个健康的心理状态意味着潜能得到了充分的发掘。最后，学生的潜能开发与心理健康之间存在着相互促进的关系。一方面，潜能的开发需要建立在良好的心理健康基础之上，个人的心理健康是潜能开发的前提条件。另一方面，潜能的开发也能够有效提升心理健康水平，并为进一步的潜能开发提供支持。例如，潜能的开发可以促进情商的发展，提高青少年的情绪调节能力。

（四）促进学生身心和谐可持续发展

身心和谐意味着学生的生理成长与心理发展保持一定的平衡。中小学生正处于生理和心理迅速发展的关键阶段，在这个过程中，他们可能面临各种心理挑战，这些问题可能源于学习、生活、社交和自我认知等方面。如果这些问题得不到及时解决，会对学生的健康成长造成负面影响，甚至可能导致行为障碍

或人格缺陷。心理问题有时还会通过身体症状表现出来，例如，学生的厌学情绪可能表现为上学时的身体不适，而在家中则无症状。因此，保持身心和谐对于学生的整体发展至关重要。促进学生的可持续发展意味着要帮助学生展望未来，以实现最大化和最持久的自我实现为目标，而不仅仅作用于当前的发展。

（五）为他们健康成长和幸福生活奠定基础

“为他们健康成长和幸福生活奠定基础”的表述反映了我国心理健康教育理念的一个显著转变，即从专注于弥补学生的“缺陷与不足”转向关注学生终身的成长和幸福。人生的终极目标是实现幸福，因此，心理健康教育的核心目标是提升学生的心理素质，促进他们身心和谐与可持续发展，为他们未来健康和幸福地生活打下坚实的基础。

二、中小学心理健康教育的具体目标

心理健康教育的总体目标是确立中小学心理健康教育工作的基础框架和全面指导原则。在这一框架下，《纲要》明确了心理健康教育的具体目标，可以划分为两个层面：第一，对全体同学而言，其目标是使学生学会学习和生活，正确认识自我，提高自主自助和自我教育能力，增强调控情绪、承受挫折、适应环境的能力，培养学生健全的人格和良好的个性心理品质。第二，对有心理困扰或心理问题的学生，进行科学有效的心理辅导，及时给予必要的危机干预，提高其心理健康水平。

（一）针对全体学生的具体目标

1. 学会学习和生活。

心理健康教育在帮助学生学会学习方面发挥着重要作用。学习中的心理障碍、困扰和疑惑是学生咨询中常见的问题。有人认为解决学习问题应由科任教师负责，与心理健康教育无关，但实际上心理健康教育可以帮助学生正确理解学习的意义，还能分析学生的学习障碍并提供指导，帮助学生理解学习失败的原因，帮助他们减轻学习带来的焦虑、急躁和恐惧等心理压力，引导学生以健康的心态面对学习中的挑战。同时，心理健康教育还指导学生选择合适的学习方法，并帮助他们克服学习中的错误观念和负面情感。

“学会生活”也是心理健康教育的具体目标之一。这是因为中小学生除了学习，还应该拥有丰富多彩的生活。传统的应试教育往往将对学生的培养局限于学业和考试中，忽视了培养学生的生活能力。中共中央、国务院在 1999 年发布了《关于深化教育改革全面推进素质教育的决定》，强调要加强学校德育与学生生活的联系，提升青少年适应社会生活的能力。《国家中长期教育改革和发展规划纲要（2010—2020 年）》也明确指出，要全面实施素质教育，重视能力培养，着力提升学生学会生存的能力。因此，心理健康教育作为素质教育的重要组成部分，需要将“学会生活”作为其具体目标之一。

2. 正确认识自己。

正确认识自己是青少年保持心理健康，人格健全发展的关键。然而，在现实生活中，许多中小学生对自己的认识不足，主要表现为两种极端：一是过度自负，二是过度自卑。过度自负的学生会将自我价值推向极端，这不仅会损害他们的人际关系，还可能导致他们无法面对失败，甚至引发心理问题。而过度自卑的学生则表现为过度自我否定，他们看不到自己的长处，可能会对自己产生厌恶感，甚至走向自我伤害的极端。只有正确认识自我，才能建立自信，从而自强，拥有健康的人生。因此，针对所有学生的心理健康教育的一个具体目标就是帮助学生不断正确认识自我。

3. 提高自主自助和自我教育能力。

中小学的心理健康教育旨在提升学生自主、自助和自我教育的能力。研究显示，大多数学生的心理状态是健康的，而且他们所面临的问题大多是发展性的，即这些问题是在学生心理发展的特定阶段出现的，或者在某个特定的发展阶段表现得更为明显。对于这些发展中的问题，学校心理健康教育工作者应当给予足够的重视，需要通过心理健康教育提升学生自主、自助和自我教育的能力，使得学生可以利用自我发展的力量来克服这些发展性问题，实现心理健康教育“助人自助”的目标。

4. 增强调控自我、承受挫折、适应环境的能力。

对于中小学生来说，适应环境、承受挫折和调控自我是相互关联的重要能力。环境（包括自然环境、社会环境和个体内部环境）的不断变化，要求学生提升适应能力。适应不良会导致挫折，如不能适应新学校的学习和生活，可能会影响学业和人际关系，造成挫折感。虽然挫折可以带来成长和学习的机会，但长期的挫折感对学生的身心健康有负面影响。因此，心理健康教育需要提高学生的挫折承受力，即“逆商”，并帮助他们学会调控自我，以克服挫折带来的挑战。

5. 培养学生健全的人格和良好的个性心理品质。

健全的人格体现了多种正面的人格特质，对于青少年学生的心理健康至关重要。人格的健全与心理健康互相促进：人格健全不仅是心理健康的一个关键指标，也是心理健康的重要基础；同时，优质的人格教育有助于学生形成健全的人格，从而有效提升他们的心理健康水平。因此，培养学生健全的人格是心理健康教育的一项具体任务。

个性心理品质是人的品质中最为关键的部分。个性是一个包含众多层面和内容的复杂概念，其中既有积极向上的方面，也有消极负面的方面。心理健康教育的目标之一就是培养学生积极的个性心理品质，帮助学生将消极负面的心理品质转变为积极的品质。

（二）针对有心理困扰或心理问题学生的具体目标

1. 心理困扰或心理问题的含义。

学生的心理健康状态不是一个固定不变的概念，而是位于心理健康与心理障碍之间的一个连续区间。将心理健康和心理障碍视为这个连续区间的两端，可以将学生的心理健康分为三个层次：首先是正常或健康的心理状态，指的是心理健康水平较高的状态；其次是一般心理问题，通常是由应激事件引起的心理困扰；最后是严重的心理问题，即心理障碍。中小学生所面临的心理问题大多是发展过程中的问题，随着心理的发展和成熟，这些问题通常会得到解决。

2. 进行科学有效的心理辅导。

心理健康教育教师需要对有心理困扰或心理问题的学生进行科学有效的心理辅导。中小学生的生活经验不足，他们在遭遇应激事件时往往难以自我调节，形成心理上的困扰。从亲子冲突带来的不良情绪到应激事件触发的自残或自杀行为，这些情况都需要心理辅导教师及时提供心理咨询，进行危机干预。但是，某些心理疾病需要通过外界的专业帮助来解决，例如，儿童抑郁症、病理性互联网使用等，这些问题需要到专业的心理卫生机构进行科学的诊断与治疗。

3. 及时给予必要的危机干预。

心理危机干预在心理健康教育中占据特殊地位，其核心在于提供补救性心理辅导，旨在帮助遭遇危险事件的学生缓解情绪，稳定心态，正确理解危机，恢复心理平衡，并以积极态度应对危机，促使事情向健康积极的方向转变。由于学生的心理发育尚未成熟，他们在面对伤害事件时往往无法自我调适，若未能得到及时干预而由此引发心理困扰或问题，可能会进一步产生更严重的后果。因此，在出现人为伤害事件（如校园欺凌）和自然灾害类事件（如地震）时，需要对事件当事人以及受事件影响的其他人进行心理危机干预，提供心理支持。

4. 提高其心理健康水平。

提高学生的心理健康水平是心理健康教育工作的落脚点，学生的心理健康水平是否能够得到显著提高是衡量心理健康教育工作效果的重要指标。可以通过直接测试学生的心理健康状态、观察其日常表现、收集周围人评价等来判断有心理困扰或心理问题的学生在接受心理健康教育之后，其心理状态是否有所改善。

（本节作者：吴晓靓）

第二节 中小学心理健康教育的内容

《纲要》指出，中小学心理健康教育的主要内容包括普及心理健康知识，树立心理健康意识，了解心理调节方法，认识心理异常现象，掌握心理保健常识和技能。其重点是认识自我、学会学习、人际交往、情绪调适、升学择业以及生活和社会适应等方面的内容。《纲要》指出，从不同年龄阶段学生的身心发展特点出发，设置分阶段的具体教育内容。以下将分别介绍小学低年级、小学中年级、小学高年级、初中阶段以及高中阶段的具体教育内容。

一、小学低年级心理健康教育的内容

小学低年级的学生刚刚进入校园参与集体生活，需要经历一个入学适应的过程。《纲要》充分考虑到小学低年级学生的发展特点以及可能遇到的挑战，设定了具有针对性的教育内容，主要包括：帮助学生认识班级、学校、日常学习生活环境和基本规则；初步感受学习知识的乐趣，重点是学习习惯的培养与训练；培养学生礼貌友好的交往品质，乐于与老师、同学交往，在谦让、友善的交往中感受友情；使学生有安全感和归属感，初步学会自我控制；帮助学生适应新环境、新集体和新的学习生活，树立纪律意识、时间意识和规则意识。

二、小学中年级心理健康教育的内容

小学中年级学生心理健康教育的内容主要包括：帮助学生了解自我，认识自我；初步培养学生的学习能力，激发学习兴趣和探究精神，树立自信，乐于学习；树立集体意识，善于与同学、老师交往，培养自主参与各种活动的能力，以及开朗、合群、自立的健康人格；引导学生在学习生活中感受解决困难的快乐，学会体验情绪并表达自己的情绪；帮助学生建立正确的角色意识，培养学生对不同社会角色的适应；增强时间管理意识，帮助学生正确处理学习与兴趣、娱乐之间的矛盾。

通过对比小学中年级和小学低年级的具体教育内容可以看出，低年级着重于学习习惯的培养，中年级则进一步关注学习能力的培养和自信心的树立；中年级开始强调集体意识和自主参与活动的能力，而低年级则更多聚焦于初步的交往和友情体验。此外，中年级特别提出时间管理意识的培养，强调引导学生建立正确的角色意识，培养学生对不同社会角色的适应，这是中年级学生面临的新挑战。

总的来说，心理健康教育在小学低年级和中年级的侧重点有所不同，但都是为了帮助学生更好地适应环境，培养积极的社会交往能力，形成健康的自我概念和情绪管理能力。

三、小学高年级心理健康教育的内容

小学高年级学生心理健康教育的内容主要包括：帮助学生正确认识自己的优缺点和兴趣爱好，在各种活动中悦纳自己；着力培养学生的学习兴趣和学习能力，端正学习动机，调整学习心态，正确对待成绩，体验学习成功的乐趣；开展初步的青春期教育，引导学生进行恰当的异性交往，建立和维持良好的异性同伴关系，扩大人际交往的范围；帮助学生克服学习困难，正确面对厌学等负面情绪，学会恰当地、正确地体验情绪和表达情绪；积极促进学生的亲社会行为，逐步认识自己与社会、国家和世界的关系；培养学生分析问题和解决问题的能力，为初中阶段学习生活做好准备。

四、初中心理健康教育的内容

初中阶段学生心理健康教育的内容包括：帮助学生加强自我认识，客观地评价自己，认识青春期的生理特征和心理特征；适应中学阶段的学习环境和学习要求，培养正确的学习观念，发展学习能力，改善学习方法，提高学习效率；积极与老师及父母进行沟通，把握与异性交往的尺度，建立良好的人际关系；鼓励学生进行积极的情绪体验与表达，并对自己的情绪进行有效管理，正确处理厌学心理，抑制冲动行为；把握升学选择的方向，培养职业规划意识，树立早期职业发展目标；逐步适应生活和社会的各种变化，着重培养应对失败和挫折的能力。

五、高中心理健康教育的内容

高中阶段学生心理健康教育的内容主要包括：帮助学生确立正确的自我意识，树立人生理想和信念，形成正确的世界观、人生观和价值观；培养创新精神和创新能力，掌握学习策略，开发学习潜能，提高学习效率，积极应对考试压力，克服考试焦虑；正确认识自己的人际关系状况，培养人际沟通能力，促进人际的积极情感反应和体验，正确对待和异性同伴的交往，知道友谊和爱情的界限，了解正确的爱情方式；帮助学生进一步提高承受失败和应对挫折的能力，形成良好的意志品质；在充分了解自己的兴趣、能力、性格、特长和社会需要的基础上，确立自己的职业志向，培养职业道德意识，进行升学就业的选择和准备，培养担当意识和社会责任感。

（本节作者：吴晓靓）

第三章

学科教学中的心理健康教育

第一节 小学阶段学科教学中的心理健康教育

一、小学数学教学中的心理健康教育

心理健康教育日益受到人们的关注，在讲授法占据主导地位的小学数学教学中渗透心理健康教育，促进数学教学与心理健康教育相互融合，对提升学生的核心素养具有重要作用。

（一）数学学科和心理健康教育的内在关联

从教学过程三要素，即教学目标、教学内容和教学方法来看，数学教学与心理健康教育存在着先天的一致性。首先，数学教学目标关注学生的逻辑思维、创新意识和解决问题的能力，心理健康教育旨在培养学生良好的心理素质，提升其心理承受能力，两者具有高度的契合性。其次，从小学数学教学内容来看，数学概念、解题方法和算理算法等都蕴含着丰富的心理健康教育元素，如自信心的培养、克服困难的意志、团队合作的精神等。最后，数学学科和心理健康教育学科存在教学方法方面的互动。在数学教学过程中，教师可以通过情感教学、情境教学、小组合作等方法，将心理健康教育融入其中，实现学科教学与心理健康教育的有机融合。

（二）心理健康教育在小学数学教学中的渗透方式

1. 根据学生的水平差异加以引导。

学生之间的思维水平存在差异，学习动机、意志力也因个体不同而稍显不同。数学教学比较关注学生的思维，不同思维品质的学生呈现出来的学习状态亦不同。思维速度快的学生能够比较好地融入数学学习过程，但思维速度慢的学生在学习过程中易因“挫败”而出现厌学情绪。数学教师可以在教学过程中适时引入趣味性、实践性、综合性强的活动以降低教学内容的难度，扩大教学活动的参与面和覆盖面，调动更多学生的思维积极性。比如，计算教学，其内容本身比较枯燥，虽然算法易于掌握，但算理难以理解。面对教师的反复讲解，学得快的学生觉得浪费时间，学困生仍然听不懂。在这种情况下，可以采用“跳蚤市场”的方式，引导学生热情、主动、积极地参加活动。在买卖闲置物品的过程中，学生既是卖家又是买家，在“实践”中体会到数学的用处，在交易过程中体悟到计算能力强的好处。除此之外，在平时的教学中，教师应关注学生的心理状况，适时提供一些“脚手架”，采取大问题、小任务等方式来调动学生思维。

2. 采用项目式学习的方式促进学生团结合作。

2022 年 4 月颁布的《义务教育数学课程标准（2022 年版）》指出，义务教育数学课程目标应以核心素养为导向，项目式学习是引领学习回归本质、促进课程目标实现的重要“利器”。项目式学习的核心是小组合作探究，小组成员在问题的驱动下分解任务，开展行动。这个过程可以培养学生的意志力、人际协调能力、合作精神和集体荣誉感，实现心理健康教育的渗透。如，北京师范大学出版社出版的小学数学教材中有个重要板块，即“数学好玩”，其中很多主题比较适合采用项目式学习的方式，如“校园中的测量”“设计秋游方案”“反弹高度”等。在教学过程中，教师可以让学生自己设计驱动问题，组织开展小组合作，在学生分享、汇报时充分肯定学生的点滴进步，使其获得成就感，增强其学习效能感，使之体会学习的乐趣、数学的奇妙。

3. 依据学生性格特点加以引导。

最近网络中流行“e 人”和“i 人”的说法，用以指代外向型性格和内向型性格两种人。小学生也有内向和外向两种不同性格。无论采取游戏教学（如

“跳蚤市场”）的方式，还是项目式学习的方式，都要考虑到不同性格学生的特点。面对同一个数学课堂、同样的游戏活动、同等的表达机会，内向的学生由于羞涩内敛、敏感细腻、情绪稳定和独立自主等，常常在合作探究过程中扮演“倾听者”，或者独立完成任务，缺少合作意识。这就要求教师在提问时要有意识地关注这些学生，给予他们表达的机会；在小组合作中经常轮换“角色”，让内向者有展示的机会。外向的学生通常比较活跃，他们的过分表现可能会扰乱课堂秩序。教师想要获得理想的教学效果，就要充分考虑两种类型学生的不同并施加干预。

4. 利用积极评价影响学生。

数学教师和语文教师最大的不同在于，数学教师一般任教两个班级以上，有些做班主任，但大部分不做班主任，与个别学生面对面交流的机会比较少，对学生开展心理健康教育的机会也不多。但是数学教师每天面对 90 多本数学作业是必然的。那么，数学教师是否可以考虑把数学作业本作为评价的“主阵地”，通过评语、评价等级、图章等方式激发学生的学习热情，增强学生的学习动机，纠正学生的学习习惯，鼓励学生的点滴进步呢？过去，这种形式是存在的，但随着学生年级的升高，这种评价日趋减少，也使得高年级数学教师失去了对学生进行心理健康教育的机会。

在小学数学教学中渗透心理健康教育，对于学生核心素养的培育具有重要意义。教师应充分挖掘数学学科中的心理健康教育元素，运用多种教学方法，将心理健康教育与数学教学有机结合，为学生营造一个有利于其身心健康发展的教育环境。

（作者：姚丽萍）

二、小学音乐教学中的心理健康教育

音乐是一门培养审美能力的艺术。音乐教育能够培养和提高学生感受美、表现美、鉴赏美、创作美的能力，能够陶冶学生情操，发展学生个性，启迪学生智慧，丰富和发展学生的形象思维，激发学生的创新意识和创造力。在小学音乐教学中融入心理健康教育，能够改善学生的心理品质，提高学生的心理素养，全面提升学生的核心素养。

《义务教育艺术课程标准（2022 年版）》中指出，课程要以立德树人为根本任务，培育和践行社会主义核心价值观，坚持以美育人、以美化人、以美润心、以美培元，引领学生在健康向上的审美实践中感知、体验与理解艺术。在小学音乐教学中渗透心理健康教育，用音乐陶冶学生的情操，启迪学生的智慧，培养学生积极阳光、乐观向上的心态，有利于真正落实立德树人的教育目标，在提高学生审美能力的同时，促使学生成为心理健康、能够适应社会变化、符合未来社会需要的人才。

（一）营造良好情境，培养学生的学习兴趣

首先，在小学音乐教学中营造良好的情境，有利于学生放松心情，更好地发现自我、展示自我。同时，恰如其分的情境能使师生关系融洽，形成有爱、民主、平等的师生关系，使得课堂氛围更加和谐、愉快，学生“亲其师，信其道”，更容易对音乐产生浓厚的兴趣。

例如，在教学歌曲《小雨沙沙》一课时，教师与学生手拉手围成一圈，边听歌曲边绕圈走。这让学生随着课堂的融洽氛围，伴着音乐不由自主地走起来，并根据教师动作的变化，自由地创作、表演。这样的教学情境和教学方式不仅让学生对音乐课堂产生了浓厚的兴趣，而且感受到教师的关爱、信任和支持，获得参与的乐趣，激发了对音乐的美好体验。

（二）鼓励参与实践，培养学生学习音乐的自信

鼓励是培养学生自信心最好的方法。在音乐教学中，鼓励尤为重要。音乐这门艺术有着独特的魅力，对每个参与者而言又有着一定的难度。这就需要教师在课堂中充分运用鼓励的方法，吸引学生参与其中，培养学生学习音乐的自信。

1. 通过集体实践，培养学生学习音乐的自信。

学生在轻松愉快的氛围中对音乐产生了浓厚的兴趣，也为参与音乐实践奠定了坚实的基础。例如，在欣赏东北民歌时，教师如果首先拿起手绢、扇子，随着音乐扭起大秧歌，学生就会特别兴奋，各个跃跃欲试。这时，教师一定要

趁热打铁，发给每个学生一个手绢，任由学生随意扭动。同时观察集体表现，进行集体指导，让学生乐此不疲，积极参与，自信满满。

2. 通过分组表演，增强学生学习音乐的自信。

分组的目的是让学生在小伙伴的帮助和陪伴下，敢于站在大家面前。对于音乐能力不强的学生，这个环节至关重要。比如在演唱《赶圩归来啊哩哩》这首歌曲的时候，个别音高对于个别五年级学生来说会有困难，不妨把这些学生分在不同的小组里，让其与小组同学一起表演，这会大大增强这部分学生的自信心。

3. 通过个别表演，展现学生学习音乐的自信。

小学音乐教学中的表演，一定是按照从全体到小组再到个别，这样层层递进的方式来表现教学内容、展现学生自信的。这要求教师一定要准确掌握学生的学习情况，以便帮助学生发挥特长，更好地增强学生的自信心。比如，有的学生节奏感好，那就在乐器伴奏的环节让他单独展示，有的学生演唱能力强，那就给他独唱的机会等。

（三）注重进行综合评价，培养学生健康的学习心态

小学音乐教学中的评价是激励、改善、促进学生发展的重要手段，因此教师要围绕核心素养的内涵，对学生进行全面、综合的评价。在教学中，除了对学生掌握技能的情况进行评价外，更要重视对学生的价值观、必备品格、关键能力的评价，以培养学生“胜不骄，败不馁”的积极品格及健康的学习心态。

1. 在教学环节中进行综合评价。

例如，在欣赏乐曲《北京喜讯到边寨》时，学生在哼唱第一主题音乐时常出现旋律不准确的情况，教师的评价可以是：“你的节奏很稳定，个别音再准确些就完美了。”这种先予以肯定后指出问题的方法，能使学生积极正视自己的错误，并努力参与，做到更好。

2. 在总结表演中进行综合评价。

例如，在表演合唱歌曲《田野在召唤》时，学生不能精准地演唱第二声部，教师给出的评价可以是：“大家能够积极配合，真不错！为你们的坚持点赞！”这样的评价是对积极参与的肯定，使学生能感受到积极参与教学活动的

乐趣。然后，教师继续评价："这样，我们先认真聆听，仔细对比我们的演唱有什么问题。"用这样的方式让学生自己发现问题，不仅保护了学生的自信，而且有利于学生勇敢面对自身不足，积极改进。在这之后再指导学生进行专业的精准模唱，做到准确无误。这样的评价能够使学生形成良好的心态，积极面对并改正自己的不足，体验到努力后的成就感。

总之，在小学音乐教学中进行评价，要先肯定学生的优点，再去指出其不足，让学生在平和的状态中发现问题，努力改正，形成积极面对困难的品格和能力。

音乐不仅能够陶冶人的情操，促进人的心理健康发展，更能提高审美，净化心灵。作为小学音乐教师，应结合小学生的心理特点，在音乐教学中渗透心理健康教育，提高学生的心理健康水平，提升学生核心素养，促进学生全面发展。

（作者：王琦）

三、小学语文教学中的心理健康教育

《义务教育语文课程标准（2022 年版）》（下文称"新课程标准"）强调，语文课程在推广普及国家通用语言文字，增强凝聚力，铸牢中华民族共同体意识，建立文化自信，培育时代新人，实现中华民族伟大复兴等方面具有不可替代的优势。工具性与人文性相统一是语文课程的基本特点。语文课程致力于全体学生核心素养的形成与发展，为学生学好其他课程打下基础；为学生形成正确的世界观、人生观、价值观，形成良好个性和健全人格打下基础；为培养学生求真创新的精神、实践能力和合作交流能力，促进德智体美劳全面发展及学生的终身发展打下基础。绝大部分小学语文教师都兼任班主任，而班主任是小学心理健康教育的重要参与者，因此，教师在进行教学设计时不仅要围绕语文学科教学目标，还应当思考各个教学环节可以培养学生哪些积极的心理品质。笔者以部编版四年级上册第五单元第二篇主题课文《爬天都峰》第二课时为例，从培养学生学习内在动机出发，围绕"自信""合作""人际交往"等积极心理品质设计教学任务，为小学中段语文教师在教学设计中渗透心理健康教育提供参考。

（一）学习目标设计

该课从学生的角度出发，将教学目标转化为学生的学习目标，分别为：

1. 明白文章是按照“爬山前——爬山时——爬山后”的事情发展顺序进行写作的，发现写清楚一件事的第一个小锦囊——有序写；

2. 通过读课文引导学生发现写清楚一件事的第二个小锦囊——恰当地使用写作手法；

3. 通过品读爬山前和爬山后的人物对话，明白写清楚一件事的第三个小锦囊——要围绕文章的中心思想确定详写的内容；

4. 学生习得写清楚一件事的三个小锦囊后，完成小练笔，写一写过生日的过程。

（二）学习任务设计

以上四个教学目标加上课堂导入共计五个学习任务。学生在完成学习任务的过程中不仅习得了学习语文的方法，更收获了积极的心理品质。

1. 任务一：明确目标，心生期待。

师：今天我们的学习任务就是读课文，继续跟着作者——

（生读篇章页上的学习目标）

师：怎样写清楚一件事呢？作者藏了三个锦囊在课文里，等着你们去发现呢。准备好了吗？

简洁的导入，让学生明确本节课的学习目标；寻找“三个锦囊”的过程激发了学生的内在动机——我要去学方法，我可以自己去发现方法。

2. 任务二：发现锦囊一，获得自信。

师：课文的题目叫《爬天都峰》，作者是怎么爬天都峰的呢？请同学们把书翻到第65页，默读课文，用横线勾画出“我”和爸爸还有老爷爷是怎么爬天都峰的。

师：如果用一个词语来形容爬天都峰的过程，你会用——？

师：从哪里可以读出爬天都峰的“艰难”？

师：（展示整篇课文，选取部分内容）这部分内容所占的篇幅并不长，它写的是爬山时，那它前面是在写——？它后面是在写——？

师：（很激动）将一件事情写清楚的第一个好方法已经被你们找到了，那就是——？

为了引导学生完成第一个学习目标，教师在设计时先引导学生去勾画、去感受，再从“爬山时”去推测出前面的部分是写“爬山前”，而后面的部分是在写“爬山后”，这样，“有序表达”这一写作要点就呼之欲出了。通过这样的教学设计，学生会发现，原来写清楚一件事是有方法的，那就是——有序表达。学生还会获得自信——发现方法并不难，我也可以做到！

3. 任务三：发现锦囊二，承上启下。

师：我请女孩子读爬山前 1～5 自然段，男孩子读爬山后 8～10 自然段。准备好了吗？把书轻轻立起来。

师：主要抓人物的——

师：你看，第二个锦囊又被你们发现了。写清楚一件事，不仅要有序地写，还得用上一些写作手法，比如——

师：对，语言描写。现在就赶快去默读爬山前与爬山后的内容，勾画出人物的语言描写吧。

师：同学们，你们发现没，这些语言描写大多是“我”和老爷爷的对话。看来这些对话值得我们好好研读。

学生们带着在任务二中获得的自信继续寻找，发现了第二个锦囊——写清楚一件事还可以用上语言描写、动作描写等写作手法。任务三既引导学生寻找方法，激发学生的兴趣，又为任务四的学习做好铺垫，让学生积极面对学习中的难点。

4. 任务四：发现锦囊三，学会合作与共情。

任务四是本节课的重难点，教师应引导学生对爬山前与爬山后的两组对话进行研读。

研读爬山前的对话是这样做的——

师：这两句话是老爷爷和文中的“我”说的。会读书的孩子一定会发现，这两句话虽然简单，却蕴含着丰富的心理活动。“我”和爷爷在说这些话的时候，会想些什么呢？别着急，线索都在课文里。现在请同桌之间互相讨论。

讨论要求：

（1）读一读：默读 1～4 自然段。

（2）说一说：他们心里是怎么想的？

（3）思考：他们为什么会这样想，课文里有线索吗？

师：你看，我们不要小看这两句对话，它们虽然很简单，却隐藏着丰富的心理活动。他俩为什么能够爬上天都峰，对话中是暗含着答案的。其实，这也提示我们，要写清楚一件事，还可以写我们心里是怎么想的。

研读爬山后的对话是这样做的——

师：爬山后也有一组对话，这组对话比较具体，我们一起来读一读。

师："这一老一小"指的是？爸爸还说他们"会从别人身上汲取力量"，这句话是什么意思呢？

师：谢谢你们的解释。我现在明白了，原来汲取力量就是获取勇气。

师：同学们，课题叫《爬天都峰》，按理应该详写爬天都峰的艰难过程，略写爬山前和爬山后，可是作者却反其道而行之，详写爬山前与爬山后的人物对话，略写爬山的过程，你们认为这样合理吗？

小组讨论。

师：把事情写清楚的第三个锦囊已经呼之欲出了——要围绕中心意思详写。

这一任务是本节课的难点与重点，因此，在进行教学设计时加入同桌讨论并明确讨论的目标，为学生的学习提供支持。学生在讨论的过程中不仅能表达自我，还能倾听他人，最重要的是，学会站在别人的角度体会他人的感受，学会共情。

5. 任务五：回忆快乐，迁移学习。

师：同学们，写清楚一件事的三个锦囊都被你们发现了。我们常说学以致用，学了就要用，这样才能真正地学会（出示语文园地里的插图）。观察这幅图，图里面都有谁？他们在做什么？

师：图中，一家人正开开心心地为奶奶庆生。那你们办过庆生会或者参加过家人或朋友的庆生会吗？

师：现在我们就用上这三个小锦囊，以"一次快乐的庆生会"为主题来写一篇小练笔。

师：第一个锦囊告诉我们，这件事应该按照怎样的顺序写？

师：详写哪个部分？

师：怎么把庆生的过程写详细呢？第二个锦囊就派上用场啦。应该怎么用？

师：好，现在就用 10 分钟写一写吧！今天认真听的孩子一定写得又快又好。

迁移学习对学生来说是非常重要的学习能力。教师先引导学生复习学到的方法，并选择学生熟悉的主题以激发学生回忆快乐的时光，最后要求学生动笔写。这样的迁移学习顺理成章。

最后，教师设计一张评价表，评价学生在任务五中完成的小练笔。评价表中有明确的评价标准，分为自评、同学评和教师评。这样的教学设计以学生为中心，充分激发了学生的内在学习动机，使学生在学习过程中不断获得积极的情绪体验，培养了学生积极的心理品格。

（作者：陈瑶）

四、小学科学教学中的心理健康教育

小学科学课程是一门培养学生科学素养和探究能力的重要课程。科学教学中的实验、探究等活动可以培养学生的自信心、合作精神和心理韧性，这些都是心理健康的重要组成部分。科学课程以其独特的学科特点和丰富的教学资源，为心理健康教育提供了良好的载体。在科学教学中渗透心理健康教育，不仅有助于提高学生的科学素养，还可以促进学生的心理健康发展。笔者以教科版二年级上册《太阳的位置和方向》为例，从教学目标、教学方法等方面入手，分析在小学科学教学中如何渗透心理健康教育。

（一）结合课程核心素养，挖掘心理健康教育元素

教师在备课过程中，应深入挖掘科学课程核心素养中的心理健康教育元素，将这些元素与科学知识相融合，形成有机的教学设计。小学科学的核心素养内涵包括科学观念、科学思维、探究实践、态度责任四个方面。其中，科学思维目标和态度责任目标都可以为心理健康教育提供很好的教育契机。以《太阳的位置和方向》一课为例，可以在教学设计中尝试从以下方面渗透心理健康教育。见表 3 - 1。

表 3-1 《太阳的位置和方向》中的心理健康教育内容

科学素养内涵	具体目标	可渗透的心理健康教育内容
科学思维	能长期观察、记录并根据观察数据总结太阳每天在天空中东升西落的位置变化规律，初步学会根据太阳的位置辨认方向	坚毅品质 心理韧性
态度责任	对利用太阳的位置来辨识方向感兴趣，能按照要求与同伴进行合作探究学习	人际交往能力 好奇心 责任意识

从小学科学核心素养内涵中寻找心理健康教育契机，可以更好地在科学教学中促进学生的全面发展。同时，这需要科学教师具备丰富的心理健康教育知识和敏锐的洞察力，这样才能更好地把握教育契机，对学生进行有效的引导和教育。

（二）使用多元教学形式，激发学生学习兴趣

学习科学知识的形式是灵活多样的，包括课堂上的学习和日常生活中的观察、记录、总结、推理等多种形式，深受正处于好奇心旺盛、探究欲强烈阶段的小学生的喜欢。他们喜欢通过亲身实践来解决问题。教学《太阳的位置和方向》一课时，教师在课前给学生预留了三个月的观察、记录时间，课堂教学则以模拟实验和探究的方式进行。在这样开放而多元的氛围中，学生的学习兴趣很高。

（三）鼓励学生自主探究，提升学生的自我效能感

在学习《太阳的位置和方向》一课之前，学生需要在课前进行为期三个月、每月两次的实地观察，记录太阳的位置变化。在这一过程中，学生遇到了观察角度不准确、无法准确描述和记录数据等问题。面对这些问题，学生需要不断尝试、修改观察方案，这需要他们具备坚韧不拔的精神，学会如何面对挫折和困难，培养了他们积极应对问题的心态。后期，学生根据需要，在教师的帮助下，利用指南针和纸板自制方向指示盘来辅助观察。在这一过程中，学生亲身体验到了科学探究的乐趣，增强了自信心和自我效能感。

（四）开展小组合作学习，培养学生的沟通能力

在课前观察记录阶段，教师组织学生以小组的形式进行活动，让他们一起观察、记录和分析太阳的位置变化。在课堂教学中，学生又以小组为单位，相互合作，沟通交流，共同分析和解决问题，最后得出结论：太阳从东方升起，从西方落下；日出时前面是东，后面是西，左面是北，右面是南。这种合作和沟通的过程不仅可以让学生相互学习，相互启发，还能培养他们的团队合作精神和沟通能力。在合作过程中，学生需要倾听他人的意见、表达自己的看法、协调不同的观点，这些都是重要的心理健康教育内容。

（五）允许学生质疑讨论，关注学生间的个体差异

在《太阳的位置和方向》一课的课堂教学中，平时非常好动、时常扰乱课堂秩序，但思维敏捷、好奇心强的学生提出疑问——根据观察记录得出“太阳东升西落”这一结论是错的，因为太阳有时从东南方向或东北方向升起，从西南方向或西北方向落下。教师立刻以此为契机，表扬他不满足于被动接受知识，而是敢于挑战权威，提出自己的见解。因为纬度和季节的变化，太阳升起和落下的方向的确是有变化的，但在方向要求不需要十分精确的情况下，人们习惯用“太阳东升西落”这一结论来辨别方向。科学课程注重操作和实践活动，但每个学生的身体、心理发展水平和需求都有所不同，教师应关注学生间的个体差异和心理需求，注重与学生进行情感交流，为学生提供个性化的指导和帮助，运用多元化的评价机制激励学生，让他们感受到教师的关心和支持。

综上所述，在小学科学教学中渗透心理健康教育的方法和途径多种多样，教师应不断提高自身的专业素养和心理健康教育能力，深入挖掘科学课程中的心理健康教育因素，创新教学方法和手段，营造健康、和谐的学习环境，为学生的全面发展提供更好的支持和服务。

（作者：宋淑敬）

第二节
中学阶段学科教学中的心理健康教育

一、初中英语教学中的心理健康教育

初中学校要实现“全员心育”，不仅要有相应的顶层设计，还要在全面提高学科教师的心育水平和心育意识上下功夫。要实现这一目标，关键之一是教师。学科教学是学校教育的中心环节，也是进行心理健康教育的主渠道之一。学校教育应把心理健康教育与学科教育紧密结合，将学生的内在与外在有机连接，在求同存异中有效融合，从而引导学生提升综合素质，实现全面发展。下面以初中英语学科为例，谈谈如何在英语教学中渗透心理健康教育。

（一）在初中英语教学中渗透心理健康教育的必要性

在初中英语教学中渗透心理健康教育的必要性主要体现在以下几个方面。

1. 课程性质。

《义务教育英语课程标准（2022 年版）》指出，义务教育英语课程体现工具性和人文性的统一，具有基础性、实践性和综合性特征。学习和运用英语有助于学生的全面发展，包括学会客观、理性地看待世界，树立国际视野，涵养家国情怀等。

2. 实施理念。

初中英语课堂教学秉承“英语学习活动观”的教学设计理念，以主题为引领，以语篇为依托，设计学习理解、应用实践、迁移创新等课堂活动，从而实现英语学科立德树人的教育目标。心理健康教育活动课程是当前中小学开展心理健康教育的一种有效途径和载体，通过设计以学生的心理发展为立足点，以学生的心理需要为基础，以培养学生健康心理为主线的个体和群体活动，让学生在活动中进行情绪体验，自我感知和自悟自得，进而完成心理健康教育。二者的实施都以学生为中心，以目标达成为支撑点，以活动开展为手段，从而确保了在英语教学中渗透心理健康教育的实际可能。

3. 全面发展。

心理健康教育有助于学生在智力、情感、社交、道德等多个方面的全面发展。在英语教学中融入心理健康教育，可以更好地对学生进行综合培养，在课堂教学中贯彻落实立德树人的根本任务和发展学生核心素养的基本要求。

（二）初中英语教学与心理健康教育融合的可能性

英语课程内容的选取遵循培根铸魂、启智增慧的原则，紧密联系现实生活，体现时代特征，反映社会新发展、科技新成果，聚焦人与自我、人与社会和人与自然等三大主题。

目前，初中英语课堂教学所使用的教材为人教版（新目标），该教材的编写遵循了《义务教育英语课程标准（2022 年版）》关于学科核心素养培养和发展的要求，坚持思想性原则，力图使学生通过学科学习逐步形成正确的价值观念、必备品格和关键能力，充分体现了英语学科的育人性。

该版教材主题语境涉及“人与自我”“人与社会”和“人与自然”等内容。以八年级教材为例，八上 Unit 3 话题为“Personal traits”，主要是通过对人物的外貌和性格特征进行对比，培养学生客观地认识自己、正确地评价他人和尊重个体差异的品质；八上 Unit 6 话题为“Life goals”，主要是青少年畅想自己的未来愿景以及为了实现目标所要付出的长期努力；八上 Unit 10 话题为“Decision making”，主要是青少年对学习与生活的自我管理、自我认识及自我提升等问题；八下 Unit 4 单元话题为“Interpersonal communication”，主要是青少年与朋友及家人之间的沟通交流、人际关系和与人交往的问题。而心理健康教育主要就包括情绪健康、人际关系、自我意识教育等内容，这些丰富的教学资源为心理健康教育的渗透提供了极为合适的载体。

（三）在初中英语教学中渗透心理健康教育的方式

1. 创新教学方法，激发学生学习兴趣。

通过灵活应用问题导向教学、情境教学、多媒体教学、合作学习和个性化教学等方法，创造出更具吸引力和活力的教学环境，引导学生带着愉悦的情绪走向思维的活跃区，激活兴奋点，激发学习兴趣。

2. 深挖教材内容，找准学科融合支点。

英语教材中的很多内容与心理健康教育重合。八下 Unit 4《Why don't you talk to your parents?》Section A 3a 的语篇内容是青少年遇到家庭麻烦并寻求帮助建议，教材文本内容给出了一个男孩的问题，并且以回信的方式给出了建议。教师在教学中可以与青少年探讨其在生活中的人际交往问题。实际上，心理学中的相关理论可以帮助学生分析和解决遇到的人际关系问题，比如人际关系心理效应、人际健康交往法则等。教师把两个学科的资源进行整合，深挖教材内容，在实现学科教学目标的同时，解决学生的心理问题。

3. 合理运用评价，唤醒学生内生动力。

心理研究证明，信心是每个人发挥内在潜能、实现人生价值的内在动力。在课堂教学中，教师可以采用多种方式评价学生，使学生在多种评价模式下找到自己的闪光点，进而激发学生上进的信心，使之形成良好的心理素质。

4. 多元沟通交流，增强师生情感链接。

课堂之外，课后辅导、作业批语也是师生交流和沟通的有效形式，学生能在情感的浸润和愉悦之中自动接受教师的教育。比如：教师可以写简单的鼓励语言“Great!”（很好）“Never give up!”（永不放弃）等；也可以写一些关于心理健康教育的格言警句，如“There is a will, there is a way.”（有志者事竟成）等。

5. 发挥教师资源，引导学生健康成长。

积极阳光的教师在教学中能感染学生，使之进入积极的学习状态。英语教师可以发挥本身的资源，如丰富的知识和兴趣爱好等，与学生建立多元链接，培养学生积极向上、阳光快乐的心理品质。

在初中英语教学中渗透心理健康教育不仅可以提高学生的学业水平，还可以培养他们的情感表达能力、社交技能、自我认知和社会责任感等，为他们的未来发展打下更加坚实的基础。

（作者：张天诗）

二、高中英语教学中的心理健康教育

《普通高中英语课程（2017 年版 2020 年修订）》的总目标中提到，全面贯彻党的教育方针，培育和践行社会主义核心价值观，落实立德树人根本任务，在义务教育的基础上，进一步促进学生英语学科核心素养的发展。在高中英语教学中渗透心理健康教育，能提高学生的英语学习兴趣，增强学生的学习动力，培养学生的积极情感态度和自主学习能力，对于实现学科育人，提升英语学科核心素养，促进学生全面发展，具有重要价值和意义。

在高中英语教学中渗透心理健康教育常体现在以下几方面。

（一）结合教材语篇阅读内容，提升学生的品格优势和学习兴趣

在阅读教学中，教师应关注学生的积极特质和潜力，创设积极的学习氛围，提供个性化的指导和支持，关注学生的成长和进步，引导学生进行自我反思和积极评价，促进学生间的积极互动，提升学生的积极心理品质和积极正向解决陌生情境问题的能力，增强学科核心素养。

1. 按照不同语篇的主题，合理渗透心理健康教育内容。

教师可以结合教材语篇的主题内容，适时融入心理健康教育。在外研社新教材的必修教材和选择性必修教材中，针对每册书第一和第二单元的“人与自我”主题、第三和第四单元的“人与社会”主题，学生可以通过阅读这两部分主题的语篇，学习如何结合语篇文本有机运用心理健康教育知识，提升认知水平，拓展跨文化沟通能力。教师在“人与自然”主题部分渗透心理健康教育知识，可调动学生的积极情绪，培养学生尊崇自然、绿色发展的积极认知，增强学生参与自然实践活动的内部动机。在引导学生学习“人与社会”主题的语篇时，教师努力将心理健康教育中积极的人际互动的知识和技巧融入教学，结合语篇主题，将积极性共鸣、积极主动式回应、爱的艺术和如何宽容别人自然地

融入其中，帮助学生学会在学习和生活中创建积极和谐的人际关系。教师将教材中的群文阅读内容与心理健康教育进行跨学科融合，能改善学生与自我、与社会、与自然的关系，增强学生的心理韧性，提升学生的社会适应能力。

例如，教师在引导学生学习外研社选择性必修二 Unit 1《Growing up》（人与自我）前，请学生做了品格优势的实验前测。学生根据自测结果在小组内开展讨论，进行自我反思，总结记录各自品格优势的得分，将分值从高到低进行排列。教师结合本册教材的 Unit 1《Growing up》和 Unit 2《Improving yourself》，请学生利用三周时间用英文完成品格优势实践作业——“日行三件好事”：第一周书写自己品格优势高分项内容，第二周书写自己品格优势低分项内容，第三周书写身边人的品格优势（主要记录并分享本组同学或本班同学的积极品格）。三周后，教师对学生进行品格优势实验后测，提醒学生结合个人的前后测得分，完成品格优势三周训练后的自我反思。很多学生在完成品格优势实践作业后，三周前品格优势的低分项都提升了 2～4 分，自己有了更强的自我效能感，更加积极乐观，更清楚自己的不足，能主动地进行自我训练和提升，更懂得欣赏他人，并能与他人和谐相处。

2. 根据语篇的不同题材，选择融入心理健康教育知识和实践作业。

教师在英语群文阅读教学中可以充分挖掘教材语篇中的心理健康教育元素，如中外优秀人物的积极品质和情感故事等。教师利用课前进行微课推送，适时提供积极心理学支架，尤其是有关品格优势、自我决定理论、幸福 PERMA 模型的微课资源等。课上引导学生就语篇中人和事的变化进行描述、阐释、讨论，课后指导学生完成品格优势的实践作业，结合群文主题迁移创新，让学生用英语讲好中国优秀人物故事，建立文化自信。

例如，外研社选择性必修一 Unit 2 “Understanding ideas” 部分以夹叙夹议的方式论说了三位英美作家的代表作及他们在投稿过程中遭遇的挫折，启发学生形成积极态度，打造蓬勃人生。教师可以在课上拓展积极心理学知识，鼓励学生培养自己的勇敢、坚持、热忱、真诚等品质，为自己未来学业及事业的成功奠基。教师在课上引出心理健康教育中心理韧性的概念及其对青少年发展的影响，鼓励学生在生活、学习遇到压力和逆境时运用自身品格优势，积极进行复原，提高心理韧性。教师鼓励学生直面困难，形成积极认知，即挫折对个人来说不只有消极影响，也可能是成长的契机。教师不失时机地结合文本题材拓展心理健康教育知识，促使学生积极感悟中外优秀文化的精神内涵，树立正确的核心价值观。

又例如，外研社选择性必修一 Unit 6《Understanding ideas》部分是一篇游记，回顾了青藏铁路建设者们在修建铁路过程中始终以生态保护为前提，倡导尊崇自然、绿色发展的理念。本单元的“Developing ideas”部分为一篇说明文，介绍澳大利亚大堡礁岛屿看护员的工作，唤醒人们保护自然、保护美丽海洋的意识。教师可以在课前给学生推介“中国大学 MOOC”中东北师范大学心理学院盖笑松教授的慕课《积极心理学》第三章“积极的品格”和第五章“积极的情绪”，结合语篇的不同题材，促使学生提升品格优势，积极参与人与自然和谐共生的美好实践。学生在学习本单元的两个语篇时，每日课前，小组分享积极心理学品格优势的实践作业——生活中的三件环保好事，即学生自己、同学、熟悉的人或陌生人是如何积极主动保护自然环境和自然文化遗产的，体现了哪些值得我们学习的美好品格，自己该怎样积极主动地践行并争做生态文明理念的积极传播者和模范践行者。

3. 结合语篇内容，就积极认知、积极品格和发展进行讨论交流。

教师在进行教材语篇的文本分析时，可以引导学生小组合作，运用开放性思维，对教材语篇中的人物做法进行批判质疑，培养品格优势中的开放性思维，提升洞察力和社会智慧，创建积极和谐的生生、师生关系。例如，外研社新教材必修一 Unit 3“Developing ideas”部分“Just a brother”，主人公 Alistair 在 2016 年世界铁人三项系列赛墨西哥站比赛尾声时，抓起即将摔倒的弟弟 Jonny，一路推着他并帮助他最终取得第二名、自己第三名的好成绩，这源于 Alistair 顾念兄弟之情并为了让母亲高兴。教师引导学生从比赛裁判、他国运动员、观众、母亲、弟弟、新闻媒体等不同视角对该人物事件展开深入的小组讨论，并在班级分角色展示小组讨论结果。学生们兴趣盎然，纷纷发表不同见解，不但视角独特，而且分析中肯，发人深省。课后，学生们纷纷表示非常喜欢这样的学习活动，它能让自己思维开阔，与人物共鸣，促使自己反思，提升了创新能力。

（二）结合读后续写任务，培育学生的核心价值观与积极认知

高中英语读后续写教学除了培养学生的语言运用能力，更要求学生结合原

文本的内容和情节，在续写语篇时运用积极情绪和积极认知，彰显人物的积极品格，打造人与自我、人与社会和人与自然的积极和谐关系，从而提升学生的社会主义核心价值观和积极品格优势，实现立德树人、学科育人目标。社会主义核心价值观和心理健康教育都倡导以人为本、实现幸福，强调个人和集体的共同成长和进步。

1. 近年来的高考英语试题中，读后续写所考查的心理健康教育知识和技能。

2020 年至 2023 年高考英语新课标全国二卷的读后续写均考查的是社会主义核心价值观和品格优势的三个共性。2020 年全国二卷读后续写要求考生对 Mrs. Meredith 在经济萧条时期号召自己的孩子帮助社区邻居制作并兜售爆米花的故事进行续写，凸显社区互助和家庭之爱；2021 年的读后续写，考生需要完成幼年双胞胎姐弟在母亲节尝试独自为母亲制作早餐的故事，体现自我成长中的勇敢和坚韧；2022 年的续写要求考生完成患病男孩 David 在特殊教育老师的鼓励下，克服自身的困难，成功完成越野长跑的故事，彰显以人为本理念，强调积极品格中的勇气、仁爱和超越；2023 年的读后续写，通过一个母语非英语的学生原本不喜欢写作，但在老师的鼓励下参加英语作文比赛并获奖的故事，倡导积极的人际关系，强调个人成长中的勇气、毅力和他人温暖激励的重要性。

2. 在日常续写教学中渗透心理健康教育内容并融合相关实践作业。

教师在日常英语读后续写教学实践中，应该适时引导学生充分理解和应用心理健康教育的理念，积极解决续写中的矛盾。很多学生反应，应用心理健康教育知识能帮助他们解决英语续写作业和真实生活中的问题，使他们获得心理健康教育带来的快乐；每日的心理健康教育实践作业小练笔，如积极情绪的实践作业——彩色的星期，使自己时常沉浸在幸福当中，既使英语写作水平有了很大提升，也让自己在英语学习中获得了幸福感；和同学们一起分享体验，让自己变得越来越自信；每次英语写作课堂中的发言及每次英语成绩的进步，都让自己获得从未有过的自豪感和成就感，也越发热爱英语，以后会让心理健康教育融入各个学科的学习及生活中。

（三）运用英语学习活动观，激发学生学习兴趣与积极情绪

教师在英语教学中应及时适度开展心理健康教育活动，结合生动的教学内

容，运用多样化的教学手段，进行基于学生优势的教学设计，激发学生的学习兴趣和好奇心，培养学生的自我效能感。教师还应该营造宽松、民主、和谐的课堂氛围，鼓励学生积极参与课堂活动，敢于表达自己的想法和观点。此外，教师应该关注学生的情感需求，尊重学生的个性差异，让每个学生都能感受到被关注和被尊重。教师应以自身的积极情绪调动学生的积极情绪，提高学生的学习兴趣和动力，以英语学习任务为驱动，以解决真实情境问题为导向，创设一系列有逻辑、有挑战的英语学习任务。通过过程性评价和终结性评价，对学生与文本、学生与本人、学生与同伴、学生与教师的互动进行及时的反馈，使学生在学习理解、应用实践和迁移创新三大环节获得积极体验，感受积极正向解决问题的意义感和幸福感。同时，教师应该密切关注学生的学习过程，及时搭建资源性支架，始终给予学生积极肯定和温暖鼓励，让学生感受到成功的喜悦。

通过在自主、合作、探究活动中适时融入心理健康教育的诸多元素，学生们的英语学习热情激增，学习成绩稳步提升。有学生在感悟中写道："我从'我不行，做不到'，转变成'要不试一试'，再到'我一定可以的'。心理健康教育真的带给我许多乐趣，也使我对学习重新燃起希望!"

（四）倡导课外自主学习，利用心理健康教育巩固学科育人效果

教师在指导学生进行课外自主学习时，可以通过情感教育帮助学生建立积极的情感态度，提升学生自主学习的内驱力，保持积极乐观的心态，提高自我效能感。教师还可以教授学生一些自主学习策略，帮助学生制订有效的学习计划，进行及时高效的复习，从而提高学生的课外自主学习能力。另外，教师可以利用课后多模态教学，拓展心理健康教育知识和技能，帮助学生开阔英语学习视野，提高英语学习成绩。比如，可以利用微信平台推介积极心理学的自我决定理论，推送关于积极情绪、理情疗法等心理健康教育资源；推荐优秀影视链接，如《三傻大闹宝莱坞》《风雨哈佛路》《肖申克的救赎》等；利用正规网页的影视评论区，引导学生进行多角度思维和批判性思考。

总之，在高中英语教学中渗透心理健康教育具有重要的理论价值和实践意义。在高中英语教学中渗透心理健康教育，需要英语教师转变角色，创新教学方法，拓展课程内容及使用多元化的教学评价。学生反馈说，教师在英语教学中运用心理健康教育知识，能够激励他们、鼓舞他们，让他们学会了勇于直面

困难，变得更加自信、坚韧，能够用更多的品格优势去发展自己。英语教师应该继续探索如何在高中英语教学中更好地渗透心理健康教育，更好地立德树人，提升学生的英语学科核心素养。

（作者：黄月华）

三、高中音乐教学中的心理健康教育

高中音乐鉴赏课落实了《普通高中音乐课程标准（2017 年版 2020 年修订）》要求，将“审美感知、艺术表现、创意实践、文化理解”作为课程教学目标，通过合理创设情境，在完成课程教学目标的同时渗透心理健康教育知识，调节学生情绪。将心理健康教育渗透到音乐鉴赏教学中，是提高音乐课堂的承载力、感染力的有效措施。以高中音乐鉴赏课《色彩斑斓的印象派——德彪西》的教学为例，笔者在设计教学目标时将心理健康教育渗透其中，培养学生感知情绪、认知情绪、调节情绪的能力，呈现了在音乐教学中渗透心理健康教育的一种方法。

（一）根据教学目标，合理创设情境，找到音乐课和心理健康教育的融合点

本节课的教学目标包括以下两点：

1. 审美感知的培养。带学生欣赏印象派代表性音乐作品——德彪西的《大海》第一乐章，引导学生感受、体验印象派的风格特征，使之知道印象主义音乐的特点和作曲家德彪西。

2. 提高学生对相关文化的理解，探索印象主义音乐作品和美术作品的关系。教学目标中的“感受”“体验”都是心理学词汇，“感受”属于感知觉，“体验”属于认知中的“内化”过程。这两点是学生在本节音乐课中的重要活动，也是心理健康教育和音乐教学的融合点。

根据融合点，在教学过程中合理创设情境，在潜移默化、润物细无声中实现融合教育。本节课创设的第一个情境是“聆听三段音乐，体会音乐带给我们的感觉”。在欣赏不同音乐的活动中，学生通过聆听自己内心的声音，感知自己的情绪情感。第二个创设的情境是欣赏、解析交响音画《大海》。欣赏、解

析的过程是学生体验音乐的过程，在这个过程中，学生通过思考作者的情绪体验，学会表达情绪。

（二）感知不同的音乐和情绪

播放《春节序曲》《野蜂飞舞》《水中倒影》三首音乐，请学生根据音乐的特点选出对应的色彩、线条、图案。这个设计重点是刺激学生的听觉神经，激发学生对音乐的思考和感知。《春节序曲》是每逢新春佳节大家都会听到的音乐，它的特点是欢快，充满节日气氛，很容易引起学生的共鸣，它所对应的色彩是红色。《野蜂飞舞》的旋律线条起伏跌宕，很容易让人联想起忙忙碌碌、勤奋可爱的蜜蜂。《水中倒影》的特点是朦胧模糊，对应的是晕染开的图案，它表达的情感意图不清晰，给人的感觉是懵懂的。学生说出这些音乐的特点后，教师引导学生思考音乐所表达的情绪，帮助学生认识情绪。人们常说的情绪情感是喜、怒、哀、乐，但高中生的情绪不只是单纯的喜、怒、哀、乐，更多时候表现出一种复合的、复杂的、矛盾的情绪。引导学生认识情绪是使其学会表达情绪的基础。

（三）品味交响音画《大海》，体验作品所表达的情绪

德彪西非常喜欢海洋，他把自己对海的感受用音乐的形式表现出来，并以日本浮世绘画家葛饰北斋的版画《神奈川冲浪里》为作曲灵感，谱写出印象乐派较具代表性的交响乐之一《大海》。该作品也被称为“三首交响素描”，宛如声音的画布，使人看见德彪西鲜明的创作色彩。在该作品中，德彪西将对大海的认知和情感用美妙的音符表达了出来，这是一种升华的情绪情感表达。

在欣赏音乐时，教师带领学生从作者的感知、音乐的表达、作者的情绪情感等方面进行分析。第一乐章描绘了海上黎明到中午的景象。海上的黎明从太阳升起、曙光照亮黑暗的这一刻开始。各种管弦乐器，包括定音鼓层层叠叠地加入，展现了海面上渐渐恢复明亮的场景。这时作者的情感是懵懂。接着，不同的乐器，长笛、小号、小提琴、法国号等在各个段落扮演几个小节的主角，搭配其他伴奏，表现出海在光线下富于变化的样貌与生命力。这时作者的情感是激情澎湃的，充满希望的。中午是这一乐章的高潮兼结尾，全部大合奏一气呵成。这时作者的情绪情感是收获的，得到鼓舞的。懵懂、激情澎湃、充满希望、得到鼓舞等都是学生常见的情绪。对自我情感的辨析能力较低、对生活中

的情绪感知力不强是高中生的心理特点。通过本节音乐课，学生体验到情绪的另一种表达方式，明白情绪可以是跳动的音符。除了音符，绘画、写作、创作、编创、编程等都可以是表达情绪的方式。

音乐课本身就承载着感知艺术、欣赏艺术、缓解压力、调节情绪等作用。在音乐学科中渗透心理健康教育，只需要教师调动起自身的主动性，在教学中进行一点巧妙的设计即可。

（作者：阿勇嘎）

四、高中语文教学中的心理健康教育

（一）在语文教学中渗透心理健康教育的可行性

与其他学科相比，在语文学科中渗透心理健康教育比较具有可行性。这不只是由学生对母语的亲近性决定的，更是由语文学科的性质决定的。《普通高中语文课程标准（2017 年版 2020 年修订）》对语文学科素养提出了四个方面的要求，分别是“语言建构与运用”“思维发展与提升”“审美鉴赏与创造”和“文化传承与理解”。从这些表述中我们可以发现，学生学习语文的过程与其心理发展的过程有交集。例如，语言和思维素养的培养能够提升其思维品质，而培养学生审美和文化素养的过程，也是学生人格不断完善和积极心理品质形成的过程。

（二）在语文教学中渗透心理健康教育的方法和建议

在语文教学中渗透心理健康教育时，既要保证提升学生的语文学科素养，也要保证心理健康教育与语文教学的深度融合。我们的目标是水到渠成，而不是牵强附会。经过探索和实践，笔者以教学内容为切入点，总结出如下方法和建议，以供参考。

1. 在群文阅读教学中选择适当的篇目，建构相应的主题。

目前语文教材的编写虽然仍然以单元为体例，但是新课程标准首次提出了学习任务群的概念，这就为教师对教材篇目进行选择和再加工提供了空间，越来越多的语文一线教师尝试以“群文阅读”的教学方式打破传统的单元教学模式。什么是“群文阅读”教学呢？于泽元教授在《群文阅读教学理论与实践》一书中指出：“群文阅读教学，就是围绕一个或者多个议题选择一组文章，教师和学生就选文内容展开集体建构，最终对选文理解达成共识。”

通过分析群文阅读教学的概念我们可以发现，与传统的单元教学相比，群文阅读的核心是师生共同建构主题，“主题”不再是被规定好的。教师因此可以在选择篇目和建构主题的过程中有意识地融入心理健康教育内容。

例如，人教版高中语文选择性必修上册第三单元的内容是小说阅读，笔者从中选择了《老人与海》（节选）、《百年孤独》（节选）、《大卫·科波菲尔》（节选）三篇文章，另加入《简·爱》（节选），组成一组群文。在建构主题环节，学生经由讨论建构出主题“成长”。以此为起点，衍生出三个讨论问题：1. 什么是成长？2. 为什么要成长？3. 哪些因素影响着个人的成长？学生从《大卫·科波菲尔》和《简·爱》的相关情节中归纳出成长是个体在与环境互动的过程中，在认知和行为等方面发生的变化，从《老人与海》中总结出“成长贯穿于人生命的始终”这一命题，成长的意义除了适应环境，还在于建构属于自己的、与他评无关的生命价值。学生在《百年孤独》中发现，个体的成长过程具有差异性，成长是外因和内因共同起作用的结果。讨论结束后，教师引导学生将关于成长的结论迁移到自己的生活情境之中，用来解释他们生活中最困惑的一个问题，找到属于自己的“成长答案”。

又如，在教学苏轼诗词作品《定风波·莫听穿林打叶声》时，笔者选择了苏轼其他两首作品《狱中寄子由二首·其一》和《卜算子·黄州定慧院寓居作》。学生鉴赏诗歌的过程也是体验苏轼在面对人生挫折时心态变化的过程。教师可以在此基础上引导学生思考什么是真正的乐观。

2. 在单篇阅读教学中创设适当的情境。

群文阅读的教学方法得到了越来越多的关注，但单篇文章的教学依然是语文课堂教学的主流方式。在单篇阅读教学中创设适当的情境，既能够为学生的学习提供条件，又能让心理健康教育真实发生。

例如，在人教版高中语文必修下《鸿门宴》的教学中，创设情境如下：假如你是某大型公司的人力资源部经理，刘邦、项羽、樊哙、范增、张良、项伯来到公司应聘。请为上述人物分别撰写一篇入职通知，说明工作岗位的要求和安排岗位的理由。在此情境中，学生能够主动深入地分析人物性格，思考影响职业生涯规划的因素，在一定程度上克服评价标准单一为他们带来的困扰。

3. 在写作教学中鼓励真实表达，拓宽立意思路。

随着信息技术和网络技术的迅速发展，学生们每天接收大量的信息输入，但思考后的输出明显不够。在写作教学中，教师应有意识地平衡这一矛盾。首先，鼓励学生真实地表达，通过无主题、无文体限制的周记写作和课前演讲为学生提供思考和表达的空间，为师生间、生生间建立沟通的桥梁；其次，在应试写作中，拓宽学生的立意思路，引导学生将思考的枝蔓延伸到情绪调节、积极心理品质、哲学等方面，以此使学生保持健康的心理状态。

（作者：李月）

五、高中物理教学中的心理健康教育

高中物理具有高度抽象的学科特点，导致学生在学习物理的过程中容易产生畏缩、沮丧等消极情绪，对学生的心理健康造成消极影响。所以，如何在切实、有效地保证物理教学质量的同时关注学生的心理健康发展，已成为物理教学中需要解决的一个重要问题。笔者以人教版高中物理必修一第二章第 4 节《自由落体运动》为例，从教学目标设计、教学活动设计、检测评价设计三方面，探讨在高中物理教学中渗透心理健康教育的具体实践。

（一）在教学目标设计中渗透心理健康教育

学科教师在进行教学设计时，关注点主要为学科内容，容易忽视对学生进行心理健康教育。基于此，笔者将心理健康教育与科学素养中“情感态度与价值观”的要求相结合，作为教学目标之一。

例如，让学生通过小组合作完成课本引言中的实验，并得出结论，促使学生之间进行沟通交流，培养学生严谨求实的科学态度；让学生通过分析伽利略的逻辑实验，体会物理逻辑的美感，激发学生运用逻辑思维分析问题的热情，体会伽利略提出合理观点并勇于质疑权威的精神；通过让学生验证伽利略观点，培养学生基于事实提出观点的态度。

将心理健康教育作为教学目标之一进行设计，可以改变教师的教学目标结构，影响教师的课堂教学行为，促进教师教学观念的转变。同时，结合学科内容对心理健康教育目标进行预设，使心理健康教育获得载体，有助于教育效果的实现。

（二）在教学活动设计中渗透心理健康教育

在教学活动设计中，关注学生在学习活动中可能出现的心理状态，并进行积极的语言预设。

例如，在研究“自由落体运动规律”的实验活动中，学生进行小组合作，利用现有的实验器材进行头脑风暴，提出实验设想，组内讨论并设计实验，完成实验，进行数据收集和整理，得出结论。之后进行组间分享，欣赏不同组之间的实验设计，共享实验数据，对本组实验结论进行修正和调整。

在头脑风暴环节，学生可能出现对自己的观点不自信的心理状态。教师可以进行语言干预：“本环节请大家尽可能开动你富有创造性的大脑，提出富有创意的想法，并写下来。此环节不需要过多顾虑你的观点是否可行。”以此引导学生大胆提出创意想法，形成正向反馈，提高学生的学习热情，增加学科自信。

在讨论交流环节，组内成员对头脑风暴中形成的想法进行讨论，取长补短，确定实验方案。学生可能会固守自身观点，教师就可以进行语言干预：“每一个人的方案中都会有一些共性，这部分可以保留，还有一些同学的设计中存在亮点，这部分可以吸纳，但这些都需要我们用智慧的双眼去发掘。”以此鼓励学生运用批判性思维，练习沟通交流技巧。

在实验操作环节，会出现实验操作难度大、实验数据计算量大、实验过程重复等问题，易使学生放弃。针对学生个体在面临问题时出现的心理状态差异，教师可以进行积极引导，帮助学生解决问题，培养学生的意志力和心理韧性。

在组间分享环节，教师进行语言引导：“说出你们组的创新之处和最后的实验结论。其余组同学如果对其观点或者做法存在疑问，请等这一组分享结束后再进行提问。”以此引导学生形成倾听他人的良好习惯，在面对不同观点时具有良好的心态和情绪反应。

（三）在检测评价设计中渗透心理健康教育

教学检测是检验学生学习效果的重要方式，是高中生活的重要组成部分。教师对于检测结果的评价将影响学生对自身的评价，进而影响学生的心理健康水平。检测评价可以从以下两方面进行。

1. 针对问题本身进行评价。

在评价学生作业、考试结果时，应专注于具体问题本身，而非进行扩大化评价。比如，书后练习题第3题，该题难度不大，且课上讲过一道类似的题，但依然有15名左右的学生做错。基于此情况，教师在进行反馈时应仅针对本题目中出现的知识问题、思路误区进行解释说明，而不应该做出学生学习态度不认真、不喜欢思考、学习能力有问题等评价。

扩大化批评可能使学生产生消沉、畏缩、抵触教师等消极情绪，不利于营造积极的学习氛围，会降低学生的学习热情与信心。

2. 针对可改变行为进行归因。

在进行问题归因时，应关注可改变的行为，避免归因于无法改变的因素。例如，对于上述问题，没有做出正确答案的学生可能会说："老师，我是不是笨啊，为什么我想不到呢？""笨"是无法改变的因素，将问题归因为"笨"，会导致学生出现低落、退缩等消极情绪，不利于问题的解决。面对此类问题，教师可采用"正向肯定＋已有事实＋具体改进行为"的模式进行回答，比如："你不笨，公式你理解得很好。这种文字型情景问题，条件比较多，不方便理解，如果画一个草图，会让问题清晰一些，你试试。"

将问题归因为可改变的行为，能够培养学生面对困难的勇气，提高学生的行动力，增强学生的自信，使之形成积极乐观的学习态度。在潜移默化中，学生形成了积的心态，发展了积极心理品质。

（作者：劳爽）

第三节
职业教育教学中的心理健康教育

在职业教育教学中融入心理健康教育，不仅能够帮助学生应对学习和生活中的压力，还能为他们未来的职业生涯和个人发展奠定坚实的心理基础。笔者以中职护理专业的健康评估课程为例，从创设情境、交互体验、实训操作和岗位实习等方面，阐述如何渗透心理健康教育。

一、创设情境：运用 VR 虚拟仿真技术让学生体验健康可贵

在教学“健康资料的采集”项目时，需要学生了解医院的真实护理环境，运用所学知识和技能对不同情境下的不同患者进行正确问诊，同时体验患者（尤其是患重病）及其家属的心情，感受健康的可贵。

情境一：患者王某，男，35 岁，因突发呼吸困难，伴发绀急诊入院。作为接诊护士，应怎样全面、系统地采集患者的健康资料？

情境二：患者刘某，男，62 岁，有吸烟史 30 余年，肺结核病史 20 年。现因咳嗽咳痰，加剧 1 周、呼吸困难 1 天入院。作为接诊护士，该如何向此患者询问健康史？

在授课过程中，教师除了向学生讲解临床问诊的方法和内容，还要讲解问诊的技巧和注意事项。在实训课程当中，教师使用 VR 虚拟仿真技术向学生展示真实的护理环境和患者的真实状态。在此过程中，引导学生观察患者的身体指征和出现的症状，记录各项数据，同时在心理上无条件接纳患者，尊重患

者，取得患者的信任，从而建立良好的护患关系，为后期开展护理工作奠定良好基础。

在授课过程中，侧重采用正向强化法对学生进行心理认知调整，改善学生的学习态度。通过分组教学，引导学生对任务完成情况进行自评、互评，评价时采用“311评分法”，即最少发现自己的3点好做法，1点需要改进的做法，至少肯定他人的1点好做法，从而对学生的行为进行正向强化，帮助学生提升自信心。

二、交互体验：使用交互模拟设备让学生体验患者心情

在教学“常见症状评估”项目时，为了帮助学生理解各种常见症状的特点，使用交互式模拟人，让学生了解不同程度的常见症状（发热、疼痛、水肿、咳嗽与咳痰、咯血、呼吸困难、发绀、心悸、恶心与呕吐、呕血与便血、腹泻、便秘、黄疸、眩晕、抽搐与惊厥、意识障碍等）并体验出现这些症状时患者本人及其家属的心情，理解患者和家属出现的情绪。

在体验过程中，设计共情能力训练活动，如倾听训练，引导学生摆脱自我中心，学习关注周围的人。通过“情绪卡牌”游戏，引导学生学习观察并体验自己和他人的情绪，在不同情境中表达不同的情绪，以此提高学生对他人情绪的敏感度，增强对他人的共情。

三、实训操作：同学间互相进行身体评估操作，让学生体验人文关怀

在教学“身体评估”项目时，讲解完身体评估的基本方法后，要求学生按照任务单要求，同性别者两两分组，进行体格检查的训练。在检查过程中，让学生分别体验护士动作轻柔和粗暴时患者的心理状态。在检查时注意保护患者隐私。

在护患沟通训练中，要注意提升学生的人文关怀能力，最重要的是要让他们掌握沟通技巧。人际交往需要同时通过言语和非言语进行，社会心理学的研究表明，人际互动中，文字的有效性仅占7%，有38%的信息是通过语音，也

就是语气、语速、语调传递的，55%的信息是以非言语形式，也就是表情、身体姿态等传递的。所以，要想使学生准确理解他人的感受与意图，就需要在对学生进行有效沟通的训练时培养其观察非言语行为的习惯，把非言语信息当作了解他人的重要线索。

四、岗位实习：在社区医院临床实习中，让学生体验护患沟通

在临床实习环节，护理专业学生要在带教教师的指导下，按照任务单要求完成健康信息采集和身体评估操作，并进行有效的护患沟通。教师应引导学生形成受伤意识，不怕脏不怕累，能够体验患者心情，安抚患者情绪，了解自己情绪。

患者和患者家属的情绪经常处于不良状态，特别容易焦虑、紧张、伤心、易怒。学生一定要学会体验并接纳情绪，合理地表达情绪，既要调节自己的情绪，也要帮助患者及其家属有效地调节情绪。教师在进行情绪调节指导时，要让学生掌握情绪 ABC 理论，了解“情绪的产生不是受事件的影响，而是受我们对事件的看法影响。要避免不良情绪的产生，就要学会替换不合理信念”，并利用这一理论识别自己和他人的信念，识别和调节情绪。

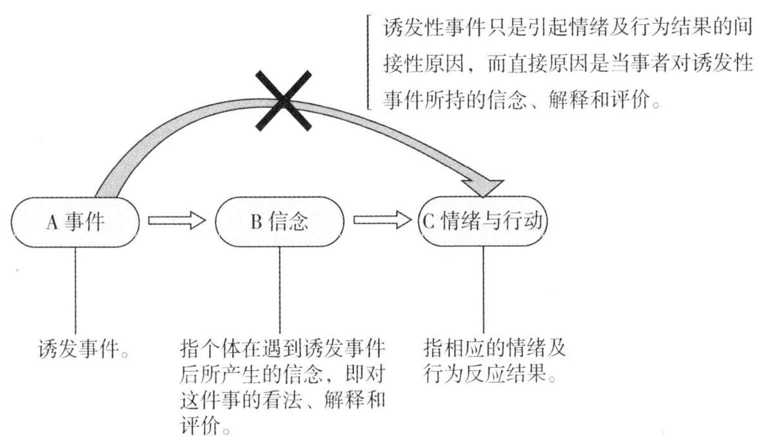

图 3-1　情绪 ABC 理论模型

在授课过程中，为了提升学生的情绪管理能力，我们对学生进行“与不合理信念辩论”的训练，同时总结“情绪管理四部曲”，指导学生进行情绪管理，

简单总结就是“停定思行”。具体操作步骤如下：

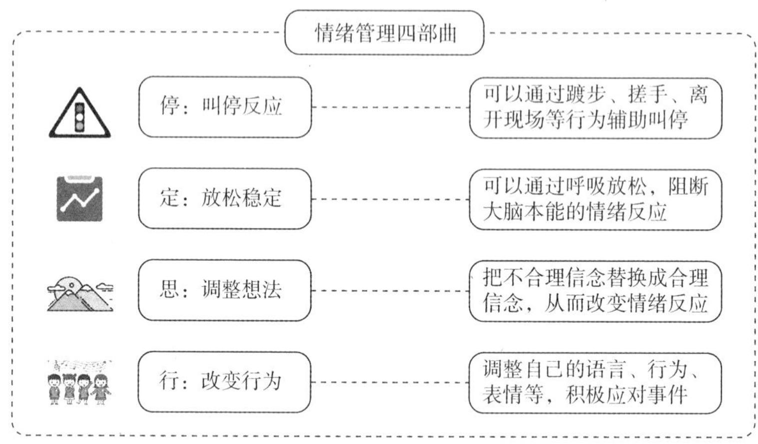

图 3-2　情绪管理四部曲

停：叫停反应。当冲突来临时，最好的办法是先不做反应，告诉自己：我遇到问题了，先停一下，等一下再回应；也可以通过走动、搓手或离开现场让自己停下来。

定：放松稳定。可以通过呼吸放松训练等方式，调整身体的紧张状态，让自己的不稳定情绪状态得到缓解，一般做 4～6 组深呼吸就可以完全冷静下来了。

思：调整想法。修改、替换不合理的信念，这是最关键的一步，也是对情绪 ABC 理论的运用。

行：改变行为。采取积极行动，改变自己的行为，改变应对策略。

在中职护理专业健康评估课程教学中渗透心理健康教育，可以让学生更有效地掌握工作策略，促进其心理水平和综合职业素质的提升，提高其从事护理工作的自信心，增强其胜任力。

（作者：陈柳　胡云英）

第四章

多途径开展中小学心理健康教育活动

第一节 主题班会中的心理健康教育

主题班会是指在班主任的引导下，根据学生的兴趣和身心发展特点，以学生为主体，经过一系列精心设计、策划的班级教育活动。心理主题班会以班级为单位，目的是帮助学生解决心理成长中的困惑，普及心理学常识性知识，引导者和参与人可能是班主任之外的教师、家长和社会人员。

2009 年，刘煜民、王淑新在《小学德育》第 10 期刊发的《小学实践体验型主题班会例谈》中提到“实践体验型主题班会”，这是一种“把主题班会与系列教育活动融为一体的班会形式”，能“把班会的准备、实施、巩固过程变成对孩子的一个整体教育过程”，它最大的特点就是让学生亲身参与，有真情实感，以实现学生自我教育为目的。

一、中小学心理健康教育主题班会的内容体系

（一）自我塑造主题及活动目标说明

1. 人之初，性本善。

建立道德自我同一性，不只从智力、成绩、外貌、运动技能、人缘等角度去评价自己，还要从道德标准的角度来看待和要求自己。

2. 深刻而丰富的情感。

喜怒哀乐是比较初级的人类情感，而自豪、内疚、美感、崇高感等是比较

高级的人类情感。引导学生关注深化自己情感发展的方法。

3. 男孩女孩。

培养学生性别角色双性化。双性化是指既具有男孩的勇敢大方、真诚坦率，也兼具女孩的善解人意、细致耐心。心理学研究证明，兼具男女两性优点的人，能更好地适应各种环境。

4. 独立自主。

使学生减少对父母的情感依赖、生活功能依赖、认知决策依赖，有自主选择的意识和承担后果的意识。随着年龄渐增，积累越来越多的独立行动和自主决策经验。

5. 如果教师外出一周。

提高学生的自我管理能力，培养学生在没有他人监督的情况下依然保持自律的能力。

6. 如果我参加无人监考的考试。

树立诚信观念，培养学生在无人监督的情况下做出诚信行为的意识。

7. 有规矩才成方圆。

引导学生树立文明用语、文明用餐、文明出行、环境友好等观念。

8. 憧憬未来。

引导学生对自身兴趣、性格、技能和价值观进行探索；了解社会、职业、高校、专业等外部环境；对自己的未来有初步设想。

9. 主宰自我。

使学生学会控制自己的情绪和冲动行为，掌握多种自我控制的策略。

10. 悦纳自我。

既不自我陶醉，也不妄自菲薄，使学生学会坦诚看待自身的缺点和不足。

11. 面对挫折。

带领学生设想未来道路上可能遇到的困难，帮助学生掌握应对困难和挫折的方法，建立和固化良好的心理品质，提升心理韧性。

12. 电子游戏与网络使用。

引导学生健康使用电子网络媒体，发挥媒体的积极作用，防范媒体的消极影响。

13. 这里的课堂静悄悄。

培养学生上课不乱讲话、专心听讲的良好学习习惯。

（二）人际沟通主题及活动目标说明

1. 亲子沟通。

举行家校协同教育主题班会，帮助亲子双方学会在意见不同的情况下恰当地表达观点。

2. 善解人意。

能从多角度思考、看待问题，能站在他人的立场看问题，理解他人的想法，尤其是理解那些与自己能力、性格、观念、处境、经历、立场不同的人。

3. 人际交往中的礼仪。

掌握餐桌礼仪、电话礼仪、交通礼仪等，能设身处地地考虑别人的感受和需求，在公共场所和社交场合做出恰当的言行举止。

4. 帮助有困难的同学。

赠人玫瑰，手有余香。通过帮助别人，提升自己的共情能力和关爱能力。

5. 做个勇敢的孩子。

克服羞怯感，在威胁、挑战、困难或痛苦面前不畏缩。在面对反对意见时依然能坚持自己的信念。勇于挑战自我，以积极、乐观向上的心态面对生活。

6. 我们是个大家庭。

增强集体主义意识。能融入集体，关心和爱护集体，并积极参与班集体的建设，有集体荣誉感。培养学生爱校、爱班、爱他人的能力。

7. 同伴冲突的解决策略。

能正确处理同学之间的矛盾，学会解决冲突的多种策略。

8. 抵抗来自同伴的压力。

当所处的同伴群体欲参加某种危险行动时，即使同伴怂恿，仍然能够冷静分析，理智反应，避免做出错误的决定。

9. 发展自己的领导力。

了解团队成员的不同想法，聚焦团队的共同目标，展望团队的未来发展，促进团队完成任务，合理安排团队活动，协调好团队成员的利益关系。

10. 当同学受欺侮的时候。

当有同学受到欺侮的时候，既不助纣为虐，也不煽风点火，而是在保护好自己的前提下尽量避免事态恶化，或者能在事后给受欺侮同学以安慰或帮助。

11. 师生相处之道。

人在学业道路上会遇到各种不同的教师，不能苛求教师行事风格符合自己的期待，而要能够适应不同风格的教师，无论其性格急缓、管理松严、进度快慢等。

12. 异性交往有边界。

进入青春期的中学生要注意与异性交往的尺度和边界，正确处理异性关系。引导青春期男生女生正确认识和处理青春期男女交往问题，建立健康的异性关系，营造和谐文明的校园氛围。

（三）健康生活与学习习惯主题及活动目标说明

1. 锻炼习惯与健康生活方式。

讨论学生可能感兴趣的体育运动形式，谈论未来的体育锻炼打算，形成具体的锻炼计划，互相督促并分享经验，促进体育锻炼习惯的形成。讨论饮食、作息等方面的健康模式和不健康模式，鼓励学生形成健康的生活方式。

2. 学会调节情绪。

能以乐观、幽默的态度及时缓解消极情绪；能通过改变情境、转移注意、改变看法等多种方式调节情绪。

3. 应对前青春期的挑战。

讨论面对身体变化、两性关系、亲子矛盾、同伴冲突、学业压力及师生关系等各方面的压力时，可以采取哪些积极的处理方式。

4. 发展阅读兴趣。

请学生们分享自己在科普、历史、文学等多个领域的阅读体会，激发学生们的阅读兴趣，拓展学生们的阅读范围。

5. 面对学业挫折。

当学习成绩不理想时，不要对自己的能力失去信心，而是要去观察同伴的学习方法，调整自己的学习策略。

6. 学习不只是为了考试。

请学生们分享学习活动过程中的积极情绪，发展内在的学习动机，发现学习的快乐。

7. 改善学习有办法。

适应学习阶段的环境和学习要求，培养正确的学习观念，发展学习能力，改善学习方法，提高学习效率。

8. 我的未来我做主。

把握升学选择的方向，培养职业规划意识，树立早期职业发展目标。

9. 当……时。

预设未来的可能性，逐步适应生活和社会的各种变化。

二、中小学心理健康教育主题班会的常见活动形式和注意事项

（一）常见活动形式

主题班会是进行心理健康教育的有效途径之一，丰富多样的活动形式可以让学生在轻松愉悦的环境中学习和成长。下面列举了一些常见的活动形式：

1. 心理剧。通过角色扮演的方式，让学生置身于特定的情境中，体验不同角色的感受，增强同理心和社会互动技能。

2. 游戏互动。通过各种团队游戏和活动促进学生之间的交流和合作，如信任背摔、盲人方阵等。这些活动有助于增强班级凝聚力和同学之间的信任感。

3. 主题演讲。通过某一主题的演讲，向学生传授心理健康的基础知识，解释常见的心理健康问题及其影响，提高学生对心理健康问题的认识，改变对这些问题的看法。同时，演讲者可以分享自己的个人经历，提供实际案例，以帮助其他学生更好地理解，鼓励他们在需要时寻求帮助。

4. 参观访问。带学生参观工厂、农村、公园、学校等，采访工人、农民和优秀学生，听其言，观其行，激发学生向榜样学习的愿望，引导他们从身边做起，加强自身修养，养成良好的行为习惯。参观访问只是榜样学习中的一小部分，更重要的是让学生模仿身边的榜样，从日常生活做起。由于榜样是活生生的，学生容易保持注意力，所以此方法适合个性塑造、美感形成、良好行为习惯的养成等。

5. 头脑风暴。让学生对一个问题大胆思考，考虑可采用的方法。头脑风暴可以帮助学生产生很多想法，它的目的是在一种兴奋、有趣、安全及接纳的气氛下激发学生的潜能，鼓励学生大胆发表意见。不管意见有无价值，教师都应对学生予以鼓励。在讨论时，教师不做评价，只在最后进行总结。该方法适用于各年级学生，在内容方面多适用于学生智力训练。

6. 活动竞赛。通过趣味问答、角色扮演等游戏，增加学生对心理健康基础知识的了解，提高他们识别和处理心理问题的能力。

7. 主题辩论。两个或多个团队就特定主题提出对立的观点，团队成员对不同的观点和论据进行辩论，在这个过程中培养批判性思维。辩论的竞争性和互动性可以激发学生对辩论主题的兴趣，使他们更积极地参与讨论。

此外，人物故事、经验分享、现场体验、课后实践、文娱表演、现场宣誓等，也可以作为中小学心理健康教育主题班会的活动形式，从而帮助学生建立积极的自我认识，发展良好的人际关系，学会情绪管理和应对压力的技巧。

（二）注意事项

1. 选题符合学生发展需要。

主题班会的选题要有针对性，要符合学生的年龄特点和各阶段发展需求。

2. 充分发挥学生的自主性。

主题班会应该以学生为中心，充分发挥学生的主观能动性，调动学生参与的积极性。

3. 注重学生的经验准备。

班会前，安排学生围绕班会主题进行调查、观察、采访，或者通过互联网收集资料，做到有备而来，而不是以完全无知的状态参与主题班会。

4. 形式新颖有创意。

主题班会的形式要力求新颖、多样，可以采用角色扮演、榜样引导、故事法、案例法、发问法、自我表露法等。

5. 重视体验式学习。

组织主题班会时要重视学生的体验，让学生在实际体验中感悟、观察、反思、概括，并将学到的东西应用到生活中。

6. 发挥团体动力学作用。

班会可以采用小组合作的形式，发挥团体动力学作用，增强班级凝聚力。

7. 重视经验分享。

请学生们选出班级中的学生代表，请这些学生分享自己的经验。

8. 重视社区教育资源和家长参与。

利用家长资源，根据主题邀请合适的家长参与班会；利用社区资源，开展参观和调查等活动。

9. 鼓励学生自主总结。

要尽量让学生通过自我感悟、自我体验、自主反思等总结班会收获。

10. 注重活动的延伸性。

延伸教育活动一方面能给学生提供更多的学习机会，另一方面能为学生提供更多的成长空间。班会后应该布置一定的延伸活动。

三、小学心理健康教育主题班会案例：我的时间我做主

案例名称：我的时间我做主

指导教师：黄慧坚

所在学校：深圳市罗芳小学

年级：五年级

关键词：时间、珍惜、做主

（一）班会目的

让学生体验到时间的宝贵，学会珍惜时间。启发学生找到科学、合理利用

时间的方法，并将这些方法应用到学习生活中，提高学习效率。

（二）班会准备

1. 学生的自主策划过程及生成方案描述。

（1）写出自己的日常时间安排表。

（2）将大家平时周末经常出现的情况整合成一个典型的案例，然后以图片小品的方式呈现出来，引起同学们的共鸣。

（3）设计一份《学习情况自查问卷》，让同学们了解自己的学习习惯和特点。

（4）根据自己的具体情况设计一份属于自己的“个性作息时间表”。

2. 教师在学生自主策划过程中的作用。

（1）引导学生思考合理安排时间的关键。

（2）指导学生整理典型案例及制作图片小品。

（3）帮助和指导学生设计《学习情况自查问卷》。

（三）班会概述

五年级学生在日常学习生活中发现时间流逝得很快，因此有必要策划以时间管理为主题的班会课，让学生体验到时间的宝贵，学会珍惜时间，合理利用时间。

本班会由五部分组成。第一部分，导入阶段：将歌曲《童年》作为导课内容。第二部分，展开阶段：体验时间的珍贵。第三部分，深入阶段：探索管理时间的方法。第四部分，升华阶段：填写《学习情况自查问卷》，促进自我了解。第五部分，结语阶段：拓展与总结。

通过一堂课的各种活动，让学生体验、分析、交流、领悟、习得，探讨出时间利用效率不高的原因及管理时间的可行方法，让学生结合自己的实际，先在课堂上确定方法，拟订作息时间表，并迁移到自己的实际生活中。

（四）班会实录

1. 导入阶段：热身游戏。

（1）歌曲竞猜。播放歌曲《童年》，请学生猜歌名。

（2）播放 PPT，师生齐唱《童年》，并通过提问导入。

教师导入：“总是要等到睡觉前才知道功课只做了一点点，总是要等到考试以后才知道该念的书都没有念。”同学们有过这样的经历吗？这节课就让我们一起来探讨一下怎样避免出现这样尴尬的情况。

2. 展开阶段：体验时间的珍贵。

（1）计算时间。

教师引导：我们不算闰年，每年都按 365 天算，那么 80 年有多少天？有多少小时？多少分钟？现在你已经过完了多少分钟？剩下多少分钟？

教师引导：如果一个人活 80 岁，一辈子也只有 29 200 天，700 800 小时，42 048 000 分钟；如果我们现在 12 岁，那么我们就已经度过了 6 307 200 分钟，剩下 35 740 800 分钟，而每过一分钟，我们又会少一分钟，原来时间真的是转瞬即逝的！

（2）制作“时间馅饼”。

①小学生回想昨天一天所做的事情，睡觉、吃饭等除外。

②估计每件事所用时长的百分比。

③根据百分比绘制“时间馅饼”。

交流感想：将学生们绘制的实物进行投影，请部分学生展示自己的“时间馅饼”，与全班同学交流。

3. 深入阶段：探索管理时间的方法。

（1）呈现图片小品《汪奇“忙乱的一天”》。

这个周日，汪奇的爸爸妈妈要外出一整天，待在家里的汪奇觉得轻松起来，决定好好享受没人管束的一天。睡醒后，汪奇不愿起来，赖在床上看漫画。过了中午 12 点，汪奇才不紧不慢地起床吃午饭。下午 2 点过后，他翻开语文课本开始做语文作业。做着做着，忽然想起明天英语要学习新课，他马上放下语文书翻出英语课本，打算先预习。可是没过多久，他看了看手表便放下手中的笔，打开电视，原来，今天有场精彩的篮球赛。

同桌陈丽打来电话，她有道数学题想向汪奇请教。汪奇一听才想起自己忘了明天有数学考试，于是匆匆挂了电话，拿出数学书边看电视边复习。只见他一会儿看书，一会儿看着电视呐喊，一会儿低头做题，一会儿紧握拳头为自己喜欢的球队加油……下午 5 点是和大明约好的踢足球时间，汪奇换好衣服兴冲冲地去踢球了。

时间飞逝，不知不觉一天过去了。晚上 9 点，汪奇发现自己忙了一整天，却什么也没做成：语文作业没完成，英语单词没背好，数学也没复习到位，球赛看得不投入，足球踢得心不在焉……好好的一天怎么会变成这样呢？

（2）讨论坊。

①你认为汪奇的一天为什么会变成这样呢？

②如果你是汪奇，你又会怎么做呢？

③为什么说汪奇没有安排好时间呢？

引导学生得出结论：汪奇没有分清事情的轻重缓急，想到什么就做什么，反而什么都做不成。

（3）管理时间连连看。

怎样能让时间安排得更合理呢？通过 PPT 呈现以下学习生活场景：①明天数学考试，今天要好好复习；②完成语文作业；③预习英语；④观看篮球赛。让学生分出事情的轻重缓急并连线，最后排出完成各事情的先后顺序——

①明天数学考试，今天要好好复习。（重要且紧迫）

②完成语文作业。（重要而一般紧迫）

③预习英语（重要但不紧迫）

4. 升华阶段：填写《学习情况自查问卷》

（1）填写《学习情况自查问卷》，促进自我了解。

①你在什么时间精神最好？

②你在什么时间记英语单词和背文言文速度快？

③对于你来说哪些学科比较难学？

④你会在什么时间多加练习？

⑤你有什么兴趣爱好？安排在哪段时间比较合理？

（2）浏览汪奇的“作息时间表”，交流分享他的作息时间表有什么特点。

得出结论：劳逸结合，事半功倍。

5. 结语阶段：拓展与总结。

（1）课后拓展。

教师引导：请同学们根据今天这节课探讨出来的科学合理安排时间的方法，为自己量身制订一份个性化的“作息时间表”，从今天开始做到“把握时间，把握命运，我的时间我做主！”，并与身边的同学相互约定，互相监督，看看谁的执行力最强，能够坚持按照“作息时间表”学习和生活，本学期末我们将为这些同学颁发“最佳执行奖”。

（2）活动总结。

教师引导：通过今天的学习，你对合理安排时间有什么新的感想？请用一句话说出你的收获或感悟，与大家分享。

学生1：通过这堂课，我明白光阴似箭，岁月如梭，我们要有自己的作息时间表，才能更好地把握时间。

学生2：应该根据不同事情的轻重缓急，合理安排时间。

教师结语：昨天的24小时匆匆而过，给我们留下了很多的遗憾；今天的24小时正在进行着，但也即将过去；未来的24小时又是我们通过把握今天的时间而把握的。同学们，我相信你们可以把握时间，把握命运。我的时间我做主！

案例点评：

此次班会选题非常有实际意义。时间管理是自我管理的一部分，合理、有效地安排时间能使自己在规定的时间内顺利完成既定的目标任务。此次班会对学生的未来发展有着至关重要的作用，不仅能培养学生珍惜时间的意识，还可以改变学生先前固有的时间管理方式。提高时间管理技能是提高学习效率、学习成绩的有效途径，也是提高生活满意度，使生命充实而有意义的重要方法。

此次班会的设计思路合理且富有逻辑。首先，从《童年》歌词中挖掘其中的寓意，作为导课内容，能唤起学生们的记忆——自己是否也曾经有过这样的经历。接下来，怎么改变拖延的不良习惯，养成有效利用时间的好习惯自然就成了课上的主题。图片小品《汪奇“忙乱的一天”》生动地描述了主人公懒散的形象，教师让学生分析原因时，学生能迅速并准确地指出其中的原因。此部分承上启下，衔接自然，能为下一步的自我分析打下基础。教师顺理成章地引导学生对自我进行深入分析，学生们积极参与，热情高涨，如实地将自己的学习习惯及特点与大家分享。分享过程中，学生发现每个人都是独立的个体，都有自己独特的习惯，因此适合自己的才是最完美的，从而根据自身的实际情况设计作息时间表。

本班会的特色是能在课堂活动已经完成的情况下，将行动延伸到生活中。正所谓“纸上得来终觉浅，绝知此事要躬行”，课堂上的时间很有限，学生只能学到一些理论和方法，最重要的是将所学的内容付诸实践，真正行动起来。教师通过课后评比活动来强化学生坚持管理时间的行为，鼓励学生持之以恒，相信学生能在实践过程中不断完善方案，战胜困难，养成自我管理时间的好习惯。

四、初中心理健康教育主题班会案例：你好我好大家好

案例名称：你好我好大家好

指导教师：胡春慧、王春燕

所在学校：长春汽车经济技术开发区实验学校

年级：八年级

关键词：互相帮助、双赢、人际关系

（一）班会目的

1. 了解初中生的价值观。
2. 帮助学生挖掘“乐于助人”的积极心理品质。
3. 帮助学生建立良好的人际关系，实现自己与他人的“双赢”。

（二）班会准备

1. 学生的自主策划过程及生成方案描述。

①班会主题调研——学生通过问卷调查找出班级的主要问题。

②学生初步设计班会方案，并带着问题向教师寻求帮助。

③学生调整并改进班会活动方案。

④根据班会方案，将任务分配给小组，各小组分别进行准备，编排校园心理剧。

⑤排练校园心理剧等。

2. 教师在学生自主策划过程中的作用。

教师在学生自主策划过程中帮助学生明确主题，引导学生设计有效的调查方案，对于班会的设计方案给予适度的指导，帮助学生解答班会方案中的困惑，处理其能力范围外的难题。

（三）班会概述

班级中多数学生反映，在日常的学习和生活中，同学之间会有一些“自私”的现象。通过此次班会让学生懂得如何合作，如何在集体中与他人相处，达到“双赢”“互惠”的状态。班会先通过三个心理剧启发学生思考，让学生进行多次选择。接着引导学生思考在现实生活中如何与父母、教师、同学相处，达到双赢。最后，教师带领学生做“拼出精彩”这一游戏，让大家通过游戏更好地理解双赢的概念。学生通过此次班会学会了如何在与人相处中达到双赢，认识到帮助他人受益的其实是自己。

（四）班会实录

1. 主持人开场。

“赠人玫瑰，手有余香”是中华民族传承了上千年的传统美德，如今社会竞争日趋激烈，这种美德被很多人遗忘。看看我们身边，有的人看到老人摔倒了因担心被讹诈而无动于衷；有的人在遇到他人问路时闭口不言，雷锋精神离我们越来越远。到底是什么在侵蚀我们的思想？我们到底该怎样做？今天这次班会就让我们深入探讨一下这个问题，让“你好我好大家好”的观念深入每一个人内心。

2. 校园心理剧表演。

（1）心理剧剧情。

旁白：小红和小丽是好朋友，她们形影不离，两人的学习成绩不相上下。升入八年级，学习任务越来越重，期中考试也越来越近了。

小丽：好漂亮的本子。我能看看吗？

小红：看吧。

旁白：这个本子是小红考试的秘密武器，她将老师上课讲的知识点都整理在这个本子上，每次考试都用它来复习，从没有人知道。

小丽：这不是老师讲的知识点吗？我看看……这些东西我都不太记得了。小红你真厉害，能把老师说的每一个知识点都记下来，有不少我都没注意到。要考试了，能不能把它借给我呀？

小红：这……

小红独白：这个本子是我复习的必备品，每次只要有了它，我的成绩就不会差。这次小丽向我借，如果我把它借给小丽，那我就没有复习依据了。小丽用上它大概也会打高分，超过我。可是妈妈还希望我能超过小丽呢……那我就不借。可是人家那么真挚地问我，我也不好意思拒绝呀……唉，我该怎么办？是借，还是不借呢？

（2）主持人组织学生发表观点。

主持人：看完心理剧，相信大家有很多感想，哪位同学想和大家分享一下，假如你是小红，你是借还是不借？

学生1：大家都是朋友，要进步就一起进步。如果她看了我的笔记成绩有所进步，那么我和她的友谊会更进一步，同时我在学习上又多了一个竞争对手，这也能激励我自己。

学生2：我不借给她。生活中我们可以是朋友，互帮互助是无所谓的，但考试中我们就是竞争对手，我们的成绩相仿，要报考的学校也可能相同，她是我强大的对手，所以在学习上我还是应该有所保留，不能让她超过我。

（3）主持人组织学生做出选择。

将学生座位分成左右两半，中间留一条过道，发表完观点后，选择“借”的同学坐左边，选择“不借”的同学坐右边。

（4）袒露心声，续演剧情。

学生选择结束后进行小组讨论，并分别开始表演后续剧情。

先请选择“借”的小组表演，再请选择“不借”的小组表演。

（5）再次选择。

学生观看完续演后，再次就“借”与“不借”做出选择。

3. 教师引导。

教师现场与学生互动，讲解行为背后的心理学知识。

（1）教师自我开放。

教师对选择“不借”的学生表示理解，并分享自己的故事、感受和选择“借”的理由：不仅收获内心的快乐，还能建立良好的人际关系，最终达到自己与他人“双赢”的目的。

（2）教师解释“双赢”的概念和心理学中的“互惠原理”。

根据互惠原理，在我们先付出后，也会得到别人的友谊和帮助，就如同种下了一片希望，总有硕果累累的一天，让自己和他人最终能“双赢”！

主持人：谢谢老师。刚才老师讲解的时候，我联想了一下我生活当中的一些事情和体验，在接受了别人的帮助之后看见施助者有困难的时候，我真的会毫不犹豫地帮他，原来这是心理学中的“互惠原理”。相信大家也和我一样感触颇深吧。

4. 应用实践。

主持人：人们常常用六个字来形容初中的生活“两点一线三面”。“三面”是指与我们交往的三种人，即老师、同学、家长，和这三种人处理好关系就能让我们生活得更加愉快。

(1) 实践话题 1：师生间如何合作，才能达到发展学生、成就老师的双赢目的？

学生 1：同学们好好听讲，不随便说话，积极举手发言，那么老师讲课就会非常顺畅，心情也会更好；心情好了，讲得就顺，自然就会给我们讲授一些更深的知识，这样我们的成绩会比原来有所提高，我们都会获益。

(2) 实践话题 2：同学之间怎样达到双赢？

学生 2：同学之间可以在学习上互帮互助，成立学习小组，以小组的形式讨论在学习中遇到的问题。如果有人遇到问题来问我，那么我在为同学解答的过程中也锻炼了自己的思维，能发现自己的不足。同学们还可以通过小组内交换笔记的方式来补充自己笔记中的不足。

(3) 实践话题 3：亲子之间怎样达到双赢？

学生 3：我们现在处于叛逆期，自己心里有一些话不愿意向家长透露，家长就会胡乱猜测，唠唠叨叨。如果我们经常向家长说说自己的心事，多交流、沟通，那么既能让家长不再担心，也使我们自己不再烦恼。

5. 活动体验：拼出精彩。

主持人：现在让我们做一个活动，名字叫“拼出精彩”。先请大家按小组回到各自的位置，每组桌子上都有一些撕碎的海报，你们的任务是到其他小组中找回属于自己小组海报的碎片，用最快的速度将自己小组的图案拼完。提醒各组成员，合理安排组员的角色，大家分工合作！好，现在开始。

(1) 第一次活动。

(2) 主持人引导学生分享参加活动的体验。

表 4-1　“拼出精彩”活动体验

结果	心情	情绪
我赢，你输	我好，你不好	自傲
我输，你赢	你好，我不好	自卑
我输，你也别赢	我不好，你也别好	嫉恨

（3）总结分析结果，学生进行第二次活动。

（4）主持人再次引导学生分享体验。

学生1：无论自己是哪一组的，当遇到别的组需要时就帮助拼图。只有这样才能在最短的时间内拼完四幅拼图！

主持人：大家觉得这个方法怎样？那我们就再做一次，看我们如何实现双赢。希望大家努力哟。

主持人：真是太棒了，在第三次活动中，最后一组用时都比第一次第一名的小组用时要短。到这里，同学们已经明白了很多，从一开始唯我的自私想法到后来的双赢观念深入人心，每个人都经历了一次蜕变，大家都懂得了“你好我好大家好”的真正含义是什么。让我们在今后的生活中做得更好吧！

教师总结：在今天的心理健康教育主题班会中，我们不仅了解了心理学中的“互惠原理”，而且在活动中体验到“双赢”的快乐。我相信在未来的生活中，当我们怀着感恩的心接受别人的帮助时，更会因我们曾经的主动付出感到快乐。让我们一起加油吧！

案例点评：

本次班会主题明确、有意义，结构完整，效果良好，是一次值得借鉴并推广的好班会。

班会主题由学生通过问卷调查产生。学生通过调查发现，同学之间存在很多“自私”现象，表现在不愿与他人分享学习经验，在其他同学需要帮助时只关注一己私利。“自私”“关注一己私利”是明显的问题，据此开展本次班会，符合学生目前的心理特点，能满足大部分同学的心理需求。

从长远来看，本次班会对学生的日后发展起着重要作用，意义深远。

从班会的实施过程来看，班会结构完整，每一个小部分都饱满生动。通过心理剧引发学生思考，让学生进行了多次选择。在心理剧表演——分享自己体会——选择——分别续演——再次选择——分享自己体会的过程中，学生逐渐认识到“赠人玫瑰，手有余香”的意义，这实际上就是一个心理渐变的过程。这个心理剧是学生日常生活中的小片段，贴近实际，容易让学生产生同感；且心理剧打破了传统班会形式，由主持人梳理两方观点，组织学生进行PK，充分考虑到每一名学生的参与性。在表演时，学生将自己代入真实情景，获得内心的真实感受。演完心理剧后，主持人又组织了“拼出精彩”这个活动，让同学们更好地理解了双赢的概念。最后，教师进行总结。整个班会的时间节奏掌握得好，非常完整。

在班会进行中，主持人和教师都能够做到适当引导，引导学生分享自己的体会，诱发学生思考。在心理剧后，教师进行自我开放，对选择“不借”的学生表示理解，并积极引导学生，化解学生心中的疑问。主持人进而回归现实，让同学们思考在现实生活中如何与教师、同学、父母达到双赢。

班会达到了预期的效果。从学生“不借”到“借”的心理转变过程来看，其已经理解了“赠人玫瑰，手有余香”的意义。在讨论与父母、教师、同学的相处之道时，学生们懂得如何在关系中实现双赢。在活动“拼出精彩”中，学生们懂得了只有团结合作才能获得最终的胜利。总体来看，学生们经历了一个明显的心理蜕变过程。

五、高中心理健康教育主题班会案例：亲子关系巧构建

案例名称：亲子关系巧构建

指导教师：苏莉莉

所在学校：江苏省海门中学

年级：高二年级

关键词：亲子关系

（一）班会目的

1. 合理看待自己与父母发生的冲突事件，了解原因并学习如何避免冲突。

2. 学会如何与父母更好地沟通，提升应对冲突的能力。

3. 正确看待与父母的冲突，从冲突过程中体会父母的用心，加强亲子之间的关系链接。

（二）班会准备

1. 组织课前调查：你与父母发生冲突的一次经历（重点描写对话过程）。

2. 教师请家长录制视频《孩子，我想说……》。

3. 邀请少数家长与孩子一起上此节班会课。

（三）班会概述

高中生正处在自我同一性发展的高峰时期，独立意识与自我意识日渐增强。他们想要增加成人感，脱离稚嫩感，于是试图摆脱对家长的依赖，但是又无法完全脱离家庭的照料，也渴望得到家长的理解和支持，希望被接纳、被欣赏，因此，亲子之间很容易产生矛盾和冲突。高中生可以通过与父母进行有效的沟通，加深对父母的理解，构建良好的亲子关系等解决这些冲突。高中生可以掌握一些化解矛盾、冲突的技巧，促进良好亲子关系的建立，也为自己步入社会，开展更为复杂的人际交往做好准备。

（四）班会实录

1. 活动导入：亲子关系知多少。

主持人：你会用什么词语来形容你的家庭？你的家是和谐的、欢乐的，还是压抑的、难以沟通的？每个人对自己的家庭都有一份独特的感受，你对自己的家庭有多了解呢？老师给大家准备了一份“家庭写真”，请大家填一填，让我们一起感受一下你的家是怎样的。

家庭写真：

（1）我父亲的生日是________，他性格________，爱好是________。父亲在家中承担________等家务，他是个________的人。

（2）我母亲的生日是________，她性格________，爱好是________。母亲在家中承担________等家务，她是个________的人。

（3）我的生日是________，我性格________，爱好是________。我在家中承担________等家务，我是个________的人。父母对我的期望是________。

（4）我认为对家庭贡献最大的人是________，享受最多的人是________。

（5）我与父母和睦相处的时候（多于，少于）不和睦的时候。

（6）我与父母争吵或冲突的原因往往是________。

（7）我的存在给父母带来的欢乐________（多于，少于）给父母带来的负担。

（8）填完以上家庭写真，我觉得家是________。

主持人：请每个小组派一名代表给我们介绍一下你的家庭写真。

学生1：（家庭写真内容陈述）我好像对我父母的个人情况不是很了解，对他们的兴趣爱好并不是很确定。

学生2：（家庭写真内容陈述）我爸妈还是挺民主的，有什么事情可以大家商量，冲突不多。

学生3：（家庭写真内容陈述）我们家好像经常吵架，我无法跟父母沟通。

2. 活动开展：亲子冲突析成因。

主持人：感谢同学们的分享，看到你们的“家庭写真”，我觉得好多同学的家庭都特别幸福，我们在家里面也主要是在享受着父母的照顾和呵护。但是也有一些同学好像与父母的分歧比较大。俗话说“家家都有一本难念的经”，各种关系中都会存在冲突和矛盾，家庭也不例外。我们在成长过程中形成的想法和观念，可能是与父母相左的。冲突促进成长，我们只需要采用恰当的方式处理即可。老师在课前已经就大家的“家庭冲突”经历做了小调查，在征得当事人同意后，我们今天就现场演绎一下这位同学的家庭冲突小故事。我们现场招募演员，请一位爸爸或妈妈扮演孩子，两位同学扮演爸爸和妈妈。

【课堂心理剧】

李榕放学回到家，爸爸和妈妈立刻迎过来。

爸爸：回来了，今天在学校怎么样啊？

李榕：嗯……

妈妈：冰箱里有西瓜，快吃些降降温。

李榕：嗯……

爸爸：因为什么事不高兴了？说出来让我们听听。

李榕：嗯……

妈妈：是哪里不舒服吗？怎么不说话？

李榕：嗯……

爸爸：你变哑巴了？你这孩子怎么这副德行！

李榕：（砰——李榕关上了自己的房门）

妈妈：放下手里的事情，好好回答问题！

李榕：没听见我用“嗯”在回答吗？整天唠唠叨叨，不嫌烦吗？

妈妈：每天忙里忙外不知道在干什么，正事一件不做！

李榕：要你管！

妈妈：你以为我想管，你最好自己负责，我忙得很。你每天把抽屉翻得乱七八糟又是做什么？

李榕：我心里烦，烦得很。我懒得跟你们说这么多，反正你们也听不懂！

主持人：感谢这位家长和两名同学的倾情演绎。请我们的演员和观众来分享一下你们的感受。

孩子扮演者：当我听到有人在我耳边絮絮叨叨时，感觉很烦。他们后来又对我进行人身攻击，让我很愤怒。

家长扮演者：我感觉很生气，觉得自己没有被尊重。

旁观学生：我看到大家都没有耐心，没有好好说话，感觉剑拔弩张。

主持人：感谢大家的分享。我想问问大家，你们觉得李榕的爸爸和妈妈原本是好意还是恶意？

众学生：好意。

主持人：谁来说说，爸爸妈妈的本意是什么？

学生 1：看到李榕比较反常，心里担心。

主持人：非常好。那么李榕是故意惹爸爸妈妈生气的吗？他又是为什么这么做呢？

学生 2：李榕应该是自己心里很烦，想安静一会儿，我有时候也会这样。

主持人：看来大家都没有恶意，却让对方很不愉快。那我们来看看，他们的问题可以如何解决呢？

3. 活动提升：亲子矛盾巧化解。

主持人：如果将李榕刚刚与父母的冲突进行模式分类，可以分为命令式冲突、斥责式冲突、不了解式冲突、厌烦式冲突、无知式冲突。请大家结合自己的实际经验，在小组内讨论，填写下列表格。

表 4-2 常见家庭亲子冲突类型及化解方法探索表

亲子间常见的冲突	我曾用的应对方法	有效的化解方法
命令式冲突—— 妈妈：放下手里的事情，好好回答问题！		
斥责式冲突—— 爸爸：你变哑巴了？你这孩子怎么这副德行！		
不了解式冲突—— 妈妈：每天忙里忙外不知道在干什么，正事一件不做！		
厌烦式冲突—— 妈妈：你以为我想管，你最好自己负责，我忙得很。		
无知式冲突—— 妈妈：你每天把抽屉翻得乱七八糟又是做什么？		

主持人：请每一小组邀请一位家长体验一种冲突解决方案，再来给我们分享一下这个方案对你是否有效。

例：命令式冲突——

妈妈：放下手里的事情，好好回答问题！

有效的化解方法——

我：妈妈，我今天在学校过得不太好，我想自己待一会儿，等我平静了，再出去回答你们的问题。

家长：这样说的话，我也不会着急上火追着问了。

4. 活动总结：我与爸妈共成长。

主持人：同学们，家长们，亲子冲突是青少年成长中不可避免的一环，虽然它具有一定的破坏性，但是也有建设性。只要我们掌握化解冲突的技巧，建立良好的亲子关系不是难题。

我给同学们带来了一份惊喜，老师找到你们的家长，录制了视频《孩子，我想说……》，我们一起来观看。

同学们，听了爸爸妈妈的心里话后，相信你们感慨良多，你们有什么话想对爸爸妈妈说吗？我们现场就可以拍摄。课程结束后，老师会将视频分享给家长。

案例点评：

“活动”和“体验”是心理健康教育班会最核心的两个要素。活动的设计要围绕核心，做到“形散神不散”。本次班会课以“构建良好的亲子关系”为核心设计，目标明确，思路清晰。活动的几个环节层层递进：由亲子关系现状，到冲突原因探究，再到亲子矛盾化解，环环相扣，使主题自然升华。整个活动过程充分凸显了学生在课堂中的主体地位。同时，本节课创造性地邀请部分家长参与，不管是让家长与孩子互换角色参演心理剧，还是小组讨论后让家长体验沟通成效，都将课堂与生活实际进行了紧密的连接，使心理健康教育不再是枯燥地传授知识，而是使参与者获得实用的生活技能。

（本节作者：宋洋　黄慧坚　胡春慧　卜晓妹　盖笑松　苏莉莉）

第二节 班级管理中的心理健康教育

一、班集体建设中的心理健康教育

（一）日常管理中的心理健康教育

班主任不仅要在学科教学中发力，也要在班级日常管理中适时、有效地对学生进行心理健康教育，这是班级管理的重中之重。班主任需要把心理健康教育和班级管理结合起来，探索对学生进行心理健康教育的有效措施，从而增强学生的心理品质以及对班集体的认同感和责任感，提升班级凝聚力，促进学生共同成长。

首先，在班级日常管理中，班主任要善于观察学生的表现，学生认知的偏差、情绪的波动、行为的反常都是生命个体活动的体现，也是教师进行心理健康教育的契机。例如，如果在课堂教学中发现有的学生眼神躲闪不敢看老师，在教师提问时想举手却又犹豫不决，班主任就可以分析一下这名学生的学习能力，提出学生能够正确回答的问题，并给予赞扬性的点评。当回答正确并受到教师的赞扬时，学生会改变以往“眼神躲闪”“惧怕回答”的状态，此时教师还应继续渗透心理健康教育：“遇到问题要积极解决，而不是躲避害怕；当问题得到解决后你会发现，困难也不是那么可怕。”同时，教师要在学生的日常作业中多写下具有鼓励性、指导性的评语，通过评语与学生进行情感沟通，增强学生的学习效能感。

其次，在丰富多彩的校内外综合实践活动中，班主任不仅要关注参加活动的学生，更要关注在活动背后默默付出的学生。例如，在运动会上帮运动员粘贴号码簿的学生，在艺术节上帮同学拿物品的学生，在各项活动中乐于奉献、能帮助他人克服困难的学生……给他们一个鼓励的眼神，一个点赞的手势，一句赞扬的话语，让学生知道自己关爱他人、乐于助人的积极品质正在被肯定和赞扬，从而使学生更积极主动地展示自己的好品格。

最后，班主任在处理班级问题时，要结合学生的实际情况，不可简单粗暴，一概而论，要考虑到学生的家庭情况、成长环境。通过与学生交朋友，建立平等和谐的师生关系，让学生愿意表达自己的看法，愿意将自己的内心向教师敞开。教师借此可以了解学生更多的内心世界，并对存在不健康心理因素的学生进行有效引导，达到促进学生内心世界向健康方向发展的目标。

中小学生的心理成长过程较为缓慢，易同时受环境和他人的影响。心理健康教育并非一朝一夕之事，班主任要及时关注学生个体细微的要求、情感的变化，关注学生积极品质的表现与发展，将心理健康教育贯穿于班级管理的全过程。

（二）环境创设中的心理健康教育

班集体的环境创设对学生的心理健康教育起着浸润影响的作用。一方面，班级环境的“空间场”会对学生的心理健康产生影响，不同的班级文化环境会以不同的心理效应影响学生的学习和生活。另一方面，班级环境的“心理场”会对学生的心理品质发展起到重要作用。因此，除完成学校的统一规定之外，教师还应根据学生的年龄段、心理发展特点布置班级环境，发挥环境创设的心理健康教育作用。

例如，可以布置主题展板，小学低年级可采用画一画的方式，设计“好情绪有办法”（画一画能让自己心情变好的方法）、“今天你微笑了吗”“班级笑脸墙”“我和老师的悄悄话”等主题；中高年级可采用写一写的方式，设计“解忧杂货铺”（学生把自己的困惑写下来，课间进行漂流，让同学或教师出谋划策）、“送你一朵小红花——发现身边的‘小确幸’”“心愿便利贴——平凡的小事”“用心变经典”等主题，也可以在黑板上写下每日一句话，在班级设置心语信箱、加油专卖店、解压站等特色角落，打造适合学生心理健康发展的班级环境。

（三）班风建设中的心理健康教育

班风是班级以稳固的价值观为核心，有特色的氛围、行为方式、习惯等的特有风貌，是班级发展和学生成长最重要的影响源。对外它是班级形象的呈现，对内它是一种氛围，是一种无形的力量。想要打造良好的班风，不能只靠制度和纪律，只关注管理方法的运用和问题的解决是不够的。

教师在班风建设中要善于学习和运用心理健康教育相关内容，把班风建设的重点放在培养学生积极的品格、积极的情绪、积极的关系、积极的成就等方面，利用及时评议、活动引导、积极教育培养学生的坚韧、感恩等优势品格，增强学生的幸福感，通过营造尊重、平等、温暖的班级氛围，使学生们以积极的心态面对人生。

二、个别发展指导中的心理健康教育

每个中小学生都有可能在学习、交往和社会适应过程中遇到困扰，需要教师帮助，每个学生的困扰又是具有高度异质性和个别化的。班级管理中的个别发展指导要深入了解学生的心理特点及其成因，了解其家庭成长环境，帮助学生更有效地处理自己面临的问题，解决成长中的困惑，提高其心理自助能力。

每个学生内心都有积极的力量，在个别发展指导中，教师要引导其发现自己的优势和禀赋，促进转化。同时，在个别发展指导中引导集体关注他、接纳他、尊重和信任他，正确看待“反复”。

学生小 A 是在特殊家庭环境中长大的孩子，学习惰性很强，经常不能按要求完成作业，情绪易怒，经常与同学发生冲突；但是他非常热心，善于表达，当同学或班级有需要时他总是第一个冲在前面。在课堂中，教师可以多为他提供表现机会，结合班级具体情况，在集体活动和竞赛中指定他为负责人，让他感到被信任，形成责任感，促使他主动参与活动，让他觉得自己也是班级的一分子，从而消除行为惰性。

三、学生评价活动中的心理健康教育

在教育教学过程中，好的评价不仅有利于学生更好地体验学习过程中的进步和成功，还有利于学生认识自我，建立并保持自信。在学生评价活动中，教师要关注学生的心理健康，在学生最渴望得到认同和肯定的时候，及时给予激励性评价。

首先，评价应成为促进学生认识自我的推手。教师的评语尤其是教师在学生作业中的评语对学生的心理发展和学科学习起着非常重要的作用，教师要引导学生更好地认识自己，刺激其产生新的行动渴望。如：在数学作业中可以呈现这样的评语——有序思考，可以使你的思路更清晰；实际上，计算题就是用来检查你的认真程度和灵活性的；方法太好了，可要细心呀；学会反思与回顾，才能形成自己的数学知识体系……

其次，评价要有发自内心的赞赏和真情，不要让每一次评价承载过多的东西，而要让每一次评价都能触动学生的心弦。

再次，评价要给出科学有效的指导方法。

最后，日常评价不应成为师生之间的秘密，教师要充当“大喇叭”和“传声筒”的角色，把表扬的话说给其他同学听，把激励性的语言讲给家长听，让不同的人一起来夸赞孩子，给予孩子鼓励性评价，这样往往会事半功倍。

同时，在对学生进行评价时，教师要善于运用多种评价方式，如可以将班级中的文化墙作为对学生进行激励性评价的平台，用来书写个性化的表扬信等。

四、亲师沟通中的心理健康教育

在亲师沟通方面，教师不仅要关注学生的学业状况、在校表现，还应在心理健康教育方面对孩子进行适时的指导。教师应引导家长重视学生的心理健康，了解学生在心理发展中存在的问题和产生的困惑，并鼓励家长多与学生进行交流互动，帮助学生化解心理问题，避免采用打骂、体罚等错误的教育方法。一方面，指导家长在日常沟通中尊重孩子的独立人格，采取平等沟通的方式，搭建良好的亲子沟通渠道；另一方面，引导家长增加对孩子的关注，主动询问、耐心聆听孩子内心的想法，及时合理地处理孩子的情绪，引导孩子理智地解决问题，培养孩子良好的心理状态和人际关系。教师还要提示家长给孩子营造一个健康的家庭环境，把握孩子出现心理健康问题的原因，然后对症下药。当然，教师也要根据家长的反馈设计心理健康教育方案，增强亲师沟通的有效性。教师还可以为家长推荐一些与学生心理发展知识相关的影视作品、书籍、讲座等。

（本节作者：张一朦）

第三节 课外活动中的心理健康教育

教师可以在开展普及性强、形式多样、内容丰富的高质量课外活动时对学生进行心理健康教育，以丰富学生的精神世界，促使学生获得积极体验，培养学生自尊自信、积极向上的心态，培育学生的各项积极品质。

一、高质量课外活动的特征

高质量课外活动应该具备如下特征：

1. 活动要具有清晰的目标、完善的计划、明确的规则和及时的效果反馈；
2. 活动要具有一定的挑战性和难度；
3. 活动内容要贴近真实生活；
4. 活动应具备一定的强度并能持续一段时间；
5. 活动的组织应是参与者之间的互动协作；
6. 活动应为学生提供独立自主的机会，不强调竞争性，多营造具有支持性、包容性的氛围；
7. 活动内容应生动有趣；
8. 为参与者提供自我展示的机会；
9. 为参与者提供承担责任的机会；
10. 为参与者提供情感交流的机会；
11. 为参与者提供担任领导者和组织者的机会；
12. 为参与者提供服务和关爱他人的机会；

13. 为参与者提供接触社会生活的机会；

14. 为参与者提供感受他人支持的机会；

15. 为参与者提供观察、学习他人经验的机会；

16. 为参与者提供接触优秀成年人的机会；

17. 给予参与者自主权和自主参与的空间。

二、不同类型课外活动中的心理健康教育

（一）课后服务时段的活动

教师可在课后服务时段开展基础学业类活动和兴趣拓展类活动，并在其中融入心理健康教育。

1. 基础学业类活动。

课后服务时段的基础学业类活动包括作业辅导、自习等，教师可以通过以下方法实现心理健康教育目标。

（1）实施“小先生”制。

可以采用“小先生”制的方式，组织已掌握某项知识的学生来教还未掌握的学生，或者让能够胜任的学生轮流为其他同学讲解某个知识点。在做“小先生”的同时，学生的学业效能感能够得到提升，越发体验到掌握知识的乐趣与意义，形成热爱学习的积极品质。同时，学生之间互帮互助解决学业问题，有助于学生形成乐于助人的积极品质。

（2）组织学生开展小组合作探究学习。

可以组织学生进行小组合作探究学习，给学生布置一些需要小组合作完成的探究任务。在分组时可以根据任务内容不同而采取不同的分组方式。还可以采取异质分组的方法，将学业水平不同的学生分成一组。在合作学习中，优秀生在带动中等生、潜能生的同时，其语言表达能力、逻辑思维水平、领导力可以得到锻炼和提高，中等生和潜能生在优秀生的带动下，学业效能感能够得到提升。

（3）引导学生制订学习计划。

可以让学生自主安排课后服务时间里的学习内容，但是需要引导学生制订

学习计划，并对学生的学习计划提出建议，帮助学生形成制订学习计划的习惯。同时，要对学生执行计划的情况进行监督和反馈，培养学生的坚持力，使之感受到完成计划的成就感。

2. 兴趣拓展类活动。

可以利用师资的专长为学生开展系列兴趣拓展类活动，并在活动中对学生进行心理健康教育，例如组织各类艺术活动（合唱、舞蹈、器乐、戏剧等）、体育类活动（篮球、足球、排球等）。在组织兴趣拓展类活动时有以下注意事项。

（1）让学生自主选择活动。应结合学生的兴趣设计和组织活动，并让学生根据自身的兴趣自主选择要参与的活动，而不是由教师或家长代替其进行选择。在自主选择的活动中，学生更可能收获积极的体验，也更愿意持续参与。

（2）挖掘活动的心理健康教育元素。在设计活动时，可以挖掘其中的心理健康教育元素或选取具有心理健康教育意义的主题。例如，组织戏剧活动时可以选取或编写具有心理健康教育意义的作品，让学生在表演过程中感受人物的心理冲突，思考解决问题的不同视角，培养学生自我反思、换位思考、解决问题的能力。可以鼓励喜欢运动的学生参与团体运动，培养学生的团队合作精神。在竞技类体育活动中，强调追求超越自我，而非竞争比较；引导学生积极看待成功与失败，并从失败中总结经验教训，形成乐观的心态和抗挫力。此外，可以设计适合学生和家长共同参与的体育游戏，促进亲子的互动交流，提升亲子关系的质量。

（3）鼓励学生参与活动的组织和策划。教师应该充分调动学生积极性，鼓励学生参与活动的组织和策划，带领学生或由学生自主完成活动主题的选择、策划、实施等，由此培养学生的组织策划能力、团队合作能力、领导力等。

（二）节庆活动

教师可以采用以下方式在校园节庆活动（如文化节、科技节、读书节等）中融入心理健康教育元素。

1. 组织多样化的活动。

节庆时节，学校应组织多样化的活动。例如，校园文化节时可以组织歌唱、舞蹈、器乐、朗诵等文艺表演，让学生有更多的机会展示自己的才华，增强学生的自信心。

2. 增强活动的趣味性。

在校园节庆活动中，组织者应该营造欢快愉悦的氛围，增强活动的趣味性，采用不同的活动形式吸引学生参与。例如，校园科技节活动可以邀请高校或企业科研人员进入校园开展互动式讲座，可以通过向学生提问“你认为我们的生活需要哪些人工智能”等来激发学生思考，鼓励学生大胆表达自己的想法，并对其合理性和实现的可能性进行解读，以此激发学生的好奇心，培养学生的发散思维和创造力。还可以开展“小发明”展示活动，由学生公开展示和介绍自己发明的物品，培养学生的创造力、表达能力和自信心等。

（三）社团活动

社团活动可以培养学生的多项积极品质，例如社会交往能力、领导力、团队合作力、问题解决能力等，还能够发挥生涯教育的作用。下面的几种方式可供借鉴。

1. 发挥学生的自主性。

将社团活动的组织、成员招募、活动宣传、活动策划交给学生，由他们自主合作、设计和实施。

2. 教师提供适当的指导。

当学生遇到困难时，教师为学生提供指导，但并非直接帮助学生解决问题，而是引导学生思考克服困难的方法。

3. 为学生设置挑战。

教师结合学生特点为其设置具有一定挑战性的任务，例如，让不擅长与人交往的学生负责与人沟通的任务。

4. 融入生涯教育。

社团指导教师可以在活动中融入生涯教育的内容，例如，在软件编程类社团中，教师可以带领学生了解开设软件编程类专业大学的课程设置和相关工作的职业样态。

（四）志愿者活动

教师可以利用课余时间或假期组织学生参与志愿服务类活动，例如，参与社区志愿服务，协助社区工作人员发放物品、登记信息、陪伴独居老人等，以此培养学生关爱他人的品质和责任感，培养学生的奉献精神。为实现上述心理健康教育目标，在组织和设计志愿者活动时，应关注以下两点。

1. 给学生分配明确的任务。

在志愿者活动中，需要给学生分配明确的活动任务，如登记独居老人的信息等，让学生自主承担责任，以此培养学生的社会责任感。

2. 与学生共同探讨活动的意义与价值。

在活动开始之前和活动结束之后，教师与学生共同探讨各项活动任务的意义和价值，引导学生思考自身的行为能够为他人带来哪些积极的影响，以此促使学生形成奉献精神和关爱他人的品质。

（五）社会实践活动

1. 通过社会实践活动促进学生心理健康发展的方法。

（1）利用家长和社区资源开拓丰富多样的社会实践基地。可以组织学生去体检机构学习健康知识，去工业车间了解先进技术，去污水处理厂了解环保知识，去农场大棚认识五谷杂粮、感受劳动艰辛、增强节约意识，去烈士陵园、抗战纪念馆等培养爱国精神。

（2）设计任务驱动的、需要自主探究的活动。在活动开始前设计任务卡，在活动现场，组织学生带着问题参与活动，并填写相关任务卡。如果场地允许，可以组织学生就任务卡的完成情况进行讨论；还可以请基地工作人员制作知识展板，并就学生的疑难问题进行现场解答。活动结束后，鼓励学生写一份总结，并展示自己的收获。

2. 社会实践活动中的注意事项。

（1）促进学生的参与和互动。组织者应该增强活动的趣味性和挑战性，引导学生积极参与，并鼓励学生之间进行互动与合作，增强学生的归属感。

（2）提供支持和鼓励。在活动过程中，组织者应该密切关注学生的表现，及时给予学生支持和鼓励。对于遇到困难的学生，应该给予积极的引导，增强学生的自信心和适应能力。

（3）及时提供反馈。社会实践活动的组织者应及时了解学生的表现和反应，并给予学生及时的反馈，增强学生的自我认知和自我管理能力。

3. 在社会实践活动中重视培养多种积极心理品质。

在社会实践活动中，要注重培养学生的计划性、团队协作能力及组织领导能力，要保护学生的求知欲和好奇心，要鼓励学生敢于挑战困难，要带领学生欣赏不同领域中美好和卓越的事物，增加学生的美感等。

三、社会实践活动中的心理健康教育实践案例：探寻红旗文化

下面以东北师范大学心理学院盖笑松教授与硕士研究生王琳所设计的课外活动方案作为样例来说明在课外活动方案设计中融入心理健康教育的思路。核心思路为在活动过程中，通过设置目标清晰、具有一定挑战性的任务，组织学生以小组合作的形式来完成各项任务。在完成任务的过程中，学生的团队合作能力、创造性思维、批判性思维、解决问题的能力、坚持性、抗挫力等得到发展。另外，爱国主义教育主题社会实践活动适合用来培养学生的人生观和价值观，某些环节可以用来对学生进行教育引导。

（一）活动设计背景

培养中小学生的民族精神是爱国主义教育的重要任务。教育部强调，爱国主义社会实践活动应依托于当地自然、历史和文化中重要的爱国主义教学资源。不同地区均拥有自身的独特历史文化，结合本地区历史文化开展爱国主义社会实践活动，更有助于学生理解爱国主义活动的内涵与意义。

基于长春的汽车历史文化，我们设计了此次爱国主义教育主题社会实践活动方案。长春是红旗汽车的原产地，从 1958 年我国自主研发的第一辆高级轿车“东风”，到如今具有完全自主知识产权的红旗系列汽车，红旗汽车的发展代表了中华儿女坚韧不拔的奋斗精神，体现了吉林省汽车产业工人在红旗精神的感召下“创业、守业、拓业”的拼搏历程。红旗文化展馆是中央企业爱国主义教育基地。本次“探寻红旗文化”活动组织学生走进红旗文化展馆，了解红旗光辉的发展历史，使学生在红旗文化中感受中华民族精神。

（二）活动设计原理

该活动采用项目式学习这一以学生为中心的方式，促使学生由被动吸收知

识转变为主动探究知识和应用知识。

“探寻红旗文化”活动基于项目式学习的理念和原理，包括“参观——探究——评价”三大活动环节。其中，参观环节包括确定参观地点、编写知识卡片、设计任务活动；探究环节包括确定驱动问题、设计探究方案、展示探究结果；评价环节包括过程性评价、总结性评价、多元化评价。

在活动过程中，教师作为组织者和引导者带领学生参观体验、主动思考、提出问题、获取知识，组织学生以小组合作的形式对精选的问题进行探究，设计研究方案并解决问题，使学生在真实的场景中和探究问题的过程中形成感性认识和理性认识。

（三）活动目标

根据《中小学综合实践活动课程指导纲要》，从价值体认、责任担当、问题解决和创意物化四个方面制定社会实践活动目标。

1. 价值体认，是指通过亲历、参与少先队活动、场馆活动和主题教育活动，参观爱国主义教育基地等，获得有积极意义的价值体验。理解并遵守公共空间的基本行为规范，初步形成集体思想、组织观念，培养对中国共产党的朴素感情，为自己是中国人感到自豪。

就本方案而言，“价值体认”目标为学生通过参观展馆、聆听讲解、查阅资料等体会红旗品牌数十年发展的风雨历程，感受“中国制造”对现代制造工业发展产生的重要影响，增强对家乡汽车文化的认同与热爱，进而形成民族自豪感、集体荣誉感等。

2. 责任担当，是指围绕日常生活开展服务活动，能处理生活中的基本事务，初步养成自理能力、自立精神、热爱生活的态度，具有积极参与学校和社区生活的意愿。

就本方案而言，“责任担当”目标为增强小组合作意识和主动参与意识，认真对待自己在组内的责任与分工，积极完成自己的任务，为集体贡献自己的力量；在体验国产汽车产业从无到有的艰辛历程中，学习我国汽车研发和制造人员直面困难的勇气与攻克难关的毅力，形成建设家乡、报效祖国的责任感与使命感。

3. 问题解决，是指能在教师的引导下，结合学校、家庭生活中的现象，发现并提出自己感兴趣的问题。能将问题转化为小研究课题，体验课题研究的过程，提出自己的想法，形成对问题的初步解释。

就本方案而言，“问题解决”目标为学生通过调研采访、实地考察、资料收集等对红旗文化、红旗历史和红旗汽车展开实践探索，综合运用自己所学习的知识和多种能力探究学习；在社会实践过程中培养克服困难的勇气和解决问题的能力。

4. 创意物化，是指通过动手操作实践，初步掌握手工设计与制作的基本技能；学会运用信息技术，设计并制作有一定创意的数字作品。运用常见、简单的信息技术解决实际问题，服务于学习和生活。

就本方案而言，“创意物化”目标为引导学生亲自动手操作实践，如运用想象力与创新思维设计未来汽车模型、设计以“长春红旗”为主题的纪念品以及拍摄以“红旗历史”为主题的短视频等，促进学生创新思维的发展。

（四）活动的设计与实施

1. 参观展馆。

参观环节在长春市红旗文化展馆进行。展馆参观由指导教师带队、组织，由展馆工作人员进行讲解。集体参观部分以知识讲解为主，驱动任务为辅。教师在参观之前给学生下发问题卡片（由教师事先设计并印制），引导学生进行“有目的”的参观，在参观过程中寻找答案，完成卡片上的问题。

本次活动共参观“旗创奋斗”“旗领新程”“旗擎国车”和“旗想未来”四个展区，教师结合每个展区的内容设置好活动任务。例如，在“旗创奋斗”展区的主要参观内容为：了解我国在艰苦卓绝的条件下研制出的第一辆国产汽车；了解1958～1981年红旗汽车从研发到停产的历史。对应的活动任务清单为：（1）参观“旗创奋斗”展区；（2）在问题卡片中补充填写第一辆国产汽车的名字及命名含义；（3）对比东风CA 71和红旗CA 72两款轿车的区别。在“旗想未来”展区的主要参观内容为：了解1997年至今红旗品牌的复兴计划；了解智能设计、VR体验等红旗“黑科技”。对应的活动任务清单为：（1）参观“旗想未来”展区；（2）在问题卡片中填写红旗未来概念车的设计亮点。

2. 小组探究。

参观红旗文化展馆后，指导教师组织学生以小组为单位开展自主探究活动。综合考虑学生的经验与现实生活，设计了四项探究任务，分别是“采访身边红旗人”“寻找生活红旗车”“探索历史红旗事”和“体悟长春红旗情”。

学生根据自己的兴趣任意选择一项自主探究任务并与其他同学组成小组，通过调查走访、采访访谈、查阅资料等方式开展研究性学习，在观察、记录和思考的过程中，主动获取知识、运用所学知识解决问题。

每项任务都有具体的内容、设计意图和探究成果。例如，“采访身边红旗人”对应的任务内容为“采访参与红旗发展的前辈、红旗工作人员”，设计意图为“促进学生进一步了解红旗汽车艰苦卓绝的研发史或与时俱进的新辉煌，学习前辈们不畏艰苦、直面失败与挑战的精神”，探究成果包括“填写探究记录表”和“撰写一篇访谈稿”。

为了具象化学生在小组中承担的工作及完成情况、学生在探究任务中的收获，设计了探究任务记录表，见表 4 - 3。每名学生在活动结束后均须上交该表。

表 4 - 3　“探寻红旗文化”活动小组探究任务记录表

探究课题名称：			
组长		分工	
组员		分工	
组员		分工	
组员		分工	
组员		分工	
探究方案	（探究的思路、计划等）		
主要手段	（社会观察、访谈、拍照录像、查阅资料等）		
思考与感悟	（对调研成果的理解与感悟、在调研过程中生成的思考与问题等）		

3. 活动评价。

以过程性评价和结果性评价相结合的方式对学生的活动表现进行评价。为保证评价的指导性、客观性和公正性，“探寻红旗文化”活动设计了评价标准，如表 4 - 4 所示。

表 4-4　“探寻红旗文化”活动评价表

评价维度	评价标准	学生自评	小组成员互评	教师评价
学习态度	1. 能够认真聆听展馆工作人员的知识讲解			
	2. 能够保持积极性，有克服困难的勇气和办法			
知识获取与应用	3. 能够认真记笔记，补充填写知识卡片			
	4. 能够仔细观察、深入思考，主动发表自己的见解和观点			
小组合作	5. 组内成员分工明确，合作配合，气氛融洽			
	6. 能够及时、有效地完成个人任务，为小组贡献自己的想法与建议			
价值体认	7. 能够理解红旗精神，形成民族自豪感和对家乡文化的认同与热爱			
	8. 能够体会红旗制造对我国汽车产业的意义，产生建设家乡、报效祖国的责任感与使命感			

注：该评价表共包括 4 个评价维度、8 条评分标准。每条标准的满分为 10 分。活动采用多元评价的方式，分别是学生自评、小组成员互评和教师评价。其中学生自评得分占比为 20%，小组成员互评得分占比为 30%，教师评价得分占比为 50%。

四、志愿服务活动中的心理健康教育案例：乡村妇女手工艺培训活动

（一）活动背景与目标

1. 活动背景。

生涯规划教育在中职学校开展已久，但在实施过程中存在生涯规划教育理论与实践脱节、生涯规划教育实践组织和平台欠缺、学生对生涯规划教育理念认识不足等问题。在课堂中，学生对个人的生涯规划容易在“缺少目标——确定方向——自我怀疑”中徘徊。为了弥补课堂教学的局限，针对当下生涯规划教育现状，本活动引入了“服务学习”理论。通过学校与社区合作的方式，将

提供给社区的服务与课程相结合，在满足社区真正需求的基础上，让学生通过学习提升专业知识技能及解决问题的能力，并不断健全人格，在实践中“审视目标、适度调整”。

2. 活动目标。

本案例基于“服务学习”理论，推陈出新，形成了生涯规划教育学习与实践的闭环，贯彻知行合一的教育思想，打造“服务—学习—反思”生涯规划教育新模式。

（二）活动设计与实施

1. 活动设计。

（1）生涯规划教育现状调查。

向学生发放问卷，进行个别访谈，了解当前生涯规划教育存在的隐性问题，从生涯规划教育的目标确立、素养培育、价值意义、生涯体验和评估等方面进一步细化问题，探究原因，为开展志愿服务活动提供有针对性的参考。

（2）志愿服务活动策划。

结合学生调查及实际问题，对志愿服务活动的内容进行详细策划。贯彻“服务学习”理论，勾画出准备、服务、反思和展示四个部分的实践内容，使志愿服务活动契合学生专业特征、生涯规划特点、心理发展规律。

（3）开展志愿服务活动。

同社区、村委会合作，提前获取服务对象信息，在线上平台完成申报；根据学生生涯规划目标进行分组，基于电子商务、学前教育、数字媒体、机电数控等专业的优势，围绕扶贫帮困、爱心助老、智慧诊疗、电商助农、课后服务等主题分批次开展志愿服务活动。

（4）活动总结及生涯规划调整。

志愿服务活动结束后，及时进行反馈和总结，了解服务对象对活动的评价；引导学生结合个人生涯规划，参照 SWOT 分析法，从兴趣特长、专业背景、技能水平、家庭背景等方面更新自我评价，审视和优化自身的生涯规划目标。

2. 活动实施。

（1）调查现状，明确理念。

生涯规划教育注重理论教学，缺乏实践活动。研究者通过问卷调查发现，大部分学生对于当前生涯规划教育的实效性缺少认同感。基于此，学校积极创新实施理念，将以往灌输式的生涯规划教育变为实践式的活动指引。一是创新生涯规划教育载体，将志愿服务与生涯规划教育相结合，在开展生涯规划教育的同时带领学生开展志愿服务活动。二是创新生涯规划教育内容，从学生专业出发，立足于技术和素养背景，设计特色化志愿服务活动。三是创新生涯规划教育流程，将集中教学与分批志愿服务相结合。除了线下针对学生开展集中培训，引导学生开展志愿服务活动，还在线上开发“志愿服务专项课程”，推广生涯规划自评表。

（2）编写教程，立足专业。

为了确保志愿服务活动与生涯规划教育有机衔接，团队有针对性地设计志愿服务活动。例如，以旅游、服装、数字媒体等专业学生为主要参与者的“有点蓝”志愿服务活动，首先组织学生学习技艺，再让学生担任小讲师，帮扶社区待业女性再创业。为了强化服务过程的专业性，发挥专业优势，学校与该区民间文艺家协会合作，编写了包含文化普及、植物浸染、手工轧花、手工刺绣等板块的《有点蓝·手工艺普及手册》。

（3）分层教学，生涯体验。

开展志愿服务前，教学团队为学生设计了“分层培养”方案，结合学生的基本情况，制定了“三阶”目标：初级阶段，学生结合自身专业知识，掌握志愿服务所需的基本技巧；中级阶段，学生提升熟练程度，能够做到传授技艺；高级阶段，学生注重创新能力的培养，能够独立完成志愿服务活动。志愿者们在进行职业体验的过程中适时反思、改进生涯计划。

当前的分层培养活动以拓展选修课程的形式开展，每周两课时，每学期进行一次综合考核；开展评级评分，根据评分选出三类学生——合格等第的学生继续留班学习，良好和优秀等第的学生获得“（金牌/银牌）小讲师”称号，进行对外志愿服务活动，完成志愿服务任务。

（4）实践育人，服务社会。

由学校牵头，同合作的村社加强联系，对潜在受助对象的基本情况进行调查和摸排。名单初步确定后，村委会发布报名启事，志愿者与个别对象进行点对点的联系，做到摸排精准、对象精准、帮扶精准。

此外，还在网络空间发布线上通知，进行推广和宣传。服务活动分为以下三个部分：

一是活动前团队研习，包括改进技艺，设计活动流程，录制微课，进行线上宣传，扩大该项志愿服务活动的知名度。

二是活动时集中服务，体现在注重实践和传授技能，为服务对象设置符合实际情况的专项活动，与基层单位充分合作，共同帮助服务对象实现“三有”目标，即技术有进步、心态有调整、生活有改善。

三是活动后跟踪辅导，包括长期引导，解决困惑，协助处理常规疑难问题以及帮助成熟的服务对象完成角色转换，使之成为志愿服务团队的协助者，进一步发挥带动作用，从而形成良性循环。

（5）及时反馈，生涯适配。

学生完成志愿服务活动后，以小组为单位开展讨论，完成自我觉知、自我探索、自我评估、自我调整。第一步，从兴趣、性格、能力、价值观四个维度挖掘自身潜力，结合服务体验明晰自己的目标；第二步，从参与志愿服务所获知的专业知识、工作任务、岗位职责以及承受的工作压力等角度审视行业发展趋势；第三步，结合自我认知，理性分析，发挥特长和能力，兼顾家庭、社会等复杂因素，为个体决策提供工具支持；第四步，动态调整。生涯规划教育的落脚点是让每个学生找到属于和适合自己的生涯之路，因此要加强自我评估，及时审视自我，主动规划人生，迎接职业挑战。

（6）整合资源，多元协作。

教师团队积极统筹各方资源，从人、财、物多角度保障活动的实施和帮扶的成效。一方面，积极统筹外部资源，依托学校，发挥职业教育特色，与行业协会、街道村社、企业合作；聘请专业人士，对生涯规划教育和志愿服务活动进行指导；同时，与村社一同精确甄选符合条件的受助对象。另一方面，对接市场，让专业服务走近消费者，积极拓展营销资源，增加受助对象的收益。

3. 学生反应。

（1）创设沉浸式课堂，提高了学生参与度。

学生在志愿服务活动中获得了沉浸式体验，进入专注、投入、高效的学习状态。依托志愿服务活动的生涯规划教育可以进一步触发学生的创造力与学习潜力。该活动鼓励学生自主学习、主动创作，促使生涯规划教育向以学生为中心的教育观转变，提升学生的参与感和存在感，给予学生充分的选择权，让学生在实践中完成自我建构。

（2）创设体悟式实践，提高了目标达成度。

围绕生涯规划教育目标组织学生志愿服务活动。学生积极参与志愿服务活动，展现了以“知道—了解—理解—践行”为路径的认知演变和能力迁移，取得了做中学、做中悟、做中想的效果。学生满意度为98%，实践任务完成率达到100%。与上一届对比，教学目标达成度明显提高。

（3）创设多元化品牌，提高了集体凝聚度。

扩大生涯规划教育的育人效果，对学生志愿服务活动进行长效化指导，采用项目化的方式进行推动，孵化品牌活动，改进学生作品。目前已向相关人员提交建议3份，完成调研报告2篇，并获全国科技发明比赛实践调查类二等奖。学生志愿服务团队入选全国中学生志愿服务示范项目。志愿服务团队的凝聚力得到进一步加强，达到了课程培养目标和价值观教育目标。

（三）活动效果与经验总结

1. 活动效果。

本活动引入“服务学习”理论，以志愿服务活动为抓手，提升了生涯规划教育的实效性。学生在应用专业知识服务社会，提高专业能力的同时，开展了生涯规划教育实践活动，进行了职业体验，提升了公民意识和社会责任感。

2. 经验总结。

本活动具有较为普遍的适用性，可推广，可复制。其服务学习过程主要包括五个部分：一是准备部分，指学生结合自身专业和生涯规划特点，在本区域发现问题，并制订切实可行的计划；二是合作部分，在学校和教师的协助下，学生与本区域的管理群体和受助对象形成伙伴关系，确立共同目标，合力解决区域问题；三是服务部分，学生运用专业技能，实施服务计划，体验职业生活；四是课程结合部分，学生运用在学校掌握的理论知识解决区域问题，运用分析工具，完善自我认知；五是反思部分，学生在学校和教师的组织下利用专门的时间对所做出的服务进行思考和讨论，进一步完善个人生涯规划。我们从这个完整的过程中可以看出，该模式本质上是一种经验教育，即学生通过参与活动课程，把自己所学的知识运用到生活实践中去，并在这个过程中获得相应的经验。

建议在实践过程中重视志愿服务活动的设计。结合学生的专业背景和生涯规划，进一步关注学生的纵向成长，持续开展延伸评价，增加评价参数。将校外实践活动纳入系统核算范围，根据个体差异调整分组方案、任务设置和教学方法，因材施教，促进学生个性化发展。

（四）案例研讨与实践

1. 活动设计：本案例的教育对象是具有一定专业知识的中职生，他们对专业和岗位的体验比较深刻。对于没有专业知识储备的初高中学生来说，该如何设计类似的志愿服务方案呢？请谈谈你的看法。

2. 案例改进：职业体验是存在两面性的，有的学生在深入了解、体验完相关职业后，会逐渐喜欢该职业；也有的学生在了解、体验完相关职业后恰好相反，体验的过程可能会打击他们学习的积极性，使他们陷入迷茫。请你谈谈，如何引导在职业体验中感到失望、陷入迷茫的学生？

3. 深化理解：文中提到了“服务学习”一词，请你搜索相关知识，综合不同材料，谈谈它的内涵和外延包括什么。

（本节作者：吴晓靓　王轲玮）

第四节
专题活动月中的心理健康教育

为了广泛宣传现代心理健康知识和心理健康意识，倡导健康生活方式，传播自尊自信、理性平和的文明理念和乐观豁达、积极向上的生活态度，学校可以举办心理健康教育专题月活动，通过各种活动和媒介开展心理健康教育活动。

从教师层面来说，教师心理健康状态在整个学校教育活动中具有重要的地位。教师的人格完善和心理健康是教师能充分展示个人专业学科知识的前提。教师对学生不仅是在传授知识，更是在塑造学生人格，因此，关注教师群体的心理健康状态尤为重要。同时，作为学校教学工作的主要推动者，懂得心理健康教育的基本原则和方法，对于科学开展课堂教学活动也有重要的意义。

从学生层面来说，良好的心理素质是人全面发展的重要基础。专题月活动可以促使学生科学地认识心理健康教育内容，了解心理健康教育知识，掌握心理调适方法，获得正确的心理观念，形成健康的心理状态。

从学校层面来说，营造心理健康教育的良好氛围，创设心理健康教育文化，为学生和教师提供适宜的学习和教学环境，提升师生心理健康水平和学校心理健康教育教学质量是应尽之责，也是学校办学的应有之义。

一、面向教师的心理健康教育知识竞赛

（一）活动目标

进一步营造育人氛围，引导教师积极关注自身及他人的心理健康状况，学习心理健康的基本知识，学会心理调适的基本技巧，提高个人心理素质，增强对学生的关怀与支持意识，提高识别学生心理危机的能力，促进学校心理健康教育工作水平的整体提升。

（二）活动方案

1. 参赛对象：学校教师。（按人数分小组参赛）

2. 比赛形式：

（1）快问快答：判断题。每组每人轮流答一题，每题思考时间为 5 秒钟，超时作答不计分。答对一题计 10 分，答错不扣分。

（2）争分夺秒：抢答题，题目为单选题。每组派两名代表参加，每题思考时间为 10 秒钟，超时作答不计分。答对一题计 20 分，答错不扣分。

（3）一锤定音：按照前两轮得分总分从高到低排名，开启轮答模式，全员参与。题目类型有单选题、填空题、多选题、简答题、实操题等。每组根据目前得分选择相应分值题目作答，每组有两次选择机会，答对计相应分数，答错扣相应分数。

（三）注意事项

1. 题目范围广泛，可涉及普通心理学、发展心理学、教育心理学、学校心理学、心理咨询、校园心理危机干预、心理健康教育活动课及团体心理辅导活动等。

2. 题目具备基础性和趣味性，不考查教师的心理学知识，而是旨在将心理健康教育知识与学生问题联系起来。

3. 出题人必须具备心理健康教育专业知识背景。

4. 知识竞赛开始前须准备《中国教师心理健康手册》等文字材料供教师们

学习参考。竞赛不是目的，学习才是。

（四）例题参考

1. 快问快答参考例题。

表 4-5　快问快答参考例题

题号	第一组	第二组	第三组	第四组
1	心理正常指的是没有心理问题或心理疾病。（×）	从事心理健康教育的教师不可以有心理问题。（×）	学校的心理健康教育应该以危机干预为主。（×）	焦虑情绪对身体都是有害的。（×）
2	班级心理健康教育活动课应向学生传授丰富而系统的心理学科知识。（×）	班主任有权利向心理健康教育教师索取全班学生的心理普查详细结果。（×）	学生在电话中表达危机倾向时，应当先与学生建立信任关系，而非解决问题。（√）	在危机干预的过程中，保证救助者的安全是首要目标。（√）
3	大多数自杀者在自杀前都向人发出过求救的信号。（√）	自杀行为有一定的遗传学基础。（√）	心理咨询师一次只能对一个人进行咨询辅导。（×）	在精神分裂症中，幻听较多见。（√）
4	班级心理健康教育活动课应当对有严重心理问题的个别同学给予及时治疗。（×）	咨询师在咨询过程中须做到真诚一致，实话实说。（×）	根据心理咨询的保密原则，学生心理测评的所有数据和结果都要向任何人保密。（×）	被诊断抑郁症的学生可以只接受心理咨询，不用服药。（×）
5	数学、物理、化学等理工学科本身缺乏心理健康教育的资源，因此理工科教学不需要渗透心理健康教育。（×）	学校心理健康教育就是设立心理咨询室，配备心理健康教育教师，对有问题的学生进行心理咨询和辅导。（×）	学生多次向教师反映教室外有外星人在监控自己，这是青春期学生的一种恶作剧行为。（×）	有的学生之所以总是上课打瞌睡、作业拖拉、做事马虎，是因为他们不求上进、不肯努力。（×）

2. 争分夺秒参考例题。

（1）下面关于师生沟通的说法，不正确的是（ C ）。

A. 与学生沟通时，教师要注意恰当地运用沟通语言

B. 与学生沟通时，教师要避免空洞的说教与劝诫

C. 教师要坚持从“有助于学习，有助于班集体建设”的角度与学生进行沟通

D. 师生心灵沟通的智慧只能通过实践、反思与研讨才能完善起来

（2）心理健康教育的正向性资源取向原则强调不回避问题，在于（ A ）。

A. 怎样看问题和障碍

B. 怎样解决问题

C. 怎样规避问题

D. 怎样发现正向资源

（3）以下关于“早熟与晚熟”的说法中，错误的是（ D ）。

A. 早熟和晚熟对男孩和女孩的影响是不同的

B. 男孩的早熟常常与积极的自我评价有关

C. 早熟的女孩自我意识更强

D. 早熟女孩的自尊不容易受到消极影响

（4）关于心理咨询的原则与技术的说法，正确的是（ C ）。

A. 技术比原则重要

B. 只要技术够高，就不会造成伤害

C. 符合原则的干预，尽管在方法和技术上有点问题，但至少不会伤害关系

D. 先考虑技术，再考虑原则

（5）关于归因，下列说法正确的是（ B ）。

A. 归因可以分为内归因和外归因

B. 正确的归因是应付和解决问题的必要基础

C. 倾向于外归因的人，习惯地认为决定自己成败和前途的原因是本身的能力和技能以及自己的努力程度等

D. 内部归因是我们所提倡的

（6）针对来访者“我太胖了！我知道这是我很少有朋友的原因！”的陈述，下面哪种情况做到了高层次的回应（ C ）。

A. 你为什么不想办法改善呢？

B. 你不用担心，你那么可爱，不久就会有朋友的

C. 你认为自己太胖了，以致没有朋友，是吗？

D. 你看到别人都有朋友，而自己却没有朋友，因此感到沮丧，而且你对

自己的胖感到不满意，是吗？

(7) 当你的学生跟你说“这段时间做什么事情都没有兴趣，上课注意力也不能集中，我觉得自己要跟不上学习节奏了，不知道怎么了……”时，你应该如何帮助他走出困惑？（ B ）

A. 先评价学生最近的学习状态，再询问其注意力不集中的原因

B. 先设身处地地体会学生的心理感受，再进一步沟通交流

C. 责怪学生学习不认真

D. 直接找家长询问具体原因

(8) 通过对青春期情绪状态的研究，发现（ C ）。

A. 青春期早期，情绪的稳定性增加，起伏变化较小

B. 青春期早期，情绪状态的积极方面较少，消极方面较多

C. 青春期后期，情绪的稳定性较差

D. 青春期后期，情绪状态的积极方面较少，消极方面较多

(9) 下列哪句不是与学生沟通中的禁语？（ B ）

A. 你有这么伤心吗？

B. 我能理解你有这样的感受

C. 这都是你自己的选择

D. 说了半天，你怎么就不明白呢？

(10) 当我们发现一名学生正处在委屈中时，你会选择哪种更容易沟通的方式？（ D ）

A. 走过去，直接问：“有什么事这么委屈，你说出来啊！”

B. 教训他：“这种事没必要委屈！”

C. 有些生气地说：“别委屈了，赶紧写作业去！”

D. 关心地问：“你是不是感到很委屈？”

3. 一锤定音参考例题。

(1) 简答题：请简述与学生进行沟通时需要遵循的原则以及可使用的技术。

（答题要点：尊重、真诚、保密；无条件积极关注、共情、非言语沟通）

(2) 团体心理辅导活动题：心有千千结。

（派小组内 10 名成员参加活动，主持人现场组织，任务需要在 2 分钟内完成）

二、面向教师的团体心理辅导活动

（一）活动目标

通过团体心理辅导活动满足教师们的心理需求，缓解教师的工作压力，引导教师做好情绪调节。

（二）活动方案

1. 曼陀罗绘画。

（1）入静。慢慢调整自己的心境，准备绘制曼陀罗。

（2）绘画。在曼陀罗的大圆内绘画，在大圆的保护下，可以将心里的人和情绪、意象、故事表达出来。

（3）书写。曼陀罗绘制完成后，可以为这幅作品起一个名字。尝试从不同角度来欣赏自己的作品，描述心情，进行联想等。

（4）分析。绘制曼陀罗为我们体内积压的情绪情感提供了抒发的出口，其中透露的无意识信息也需要我们去看见并领悟，随着绘制的进行，我们可以越来越多地看到和关注这些信息。

2. 光谱测量。

（1）活动说明：根据接触和从事教育工作的时长设置轴线，起始值为 0 年，最高值为 20 年。活动开始之后，参与者根据个人情况站在轴线相应的位置。

（2）规则说明：

①为保证队伍整齐有序，相同年限的参与者可以纵向排列在一起。

②站定后，可以邀请站在“0 起点”位置的参与者分享自己的感受。

③可以由“0 起点”参与者向“具有 20 年经验”的前辈们提出问题。

（3）活动总结：参与者站在从“0 起点”到“具有 20 年经验”的这条线上，会发现自己并不孤单，有众多的同行者与自己一起向着同一个目标前进。运用团队的普遍性原则，让参与者感到“我不孤单”；同时，通过让站在“0 起点”的参与者向资深者提问，可以帮助其树立信心，对其未来的工作有很大的启发，能坚定参与者对自己所选定目标的信心。

（三）注意事项

1. 提前准备曼陀罗绘画纸。
2. 分享和表达比作品本身更加珍贵。

三、面向教师的心理科普讲座

（一）活动目标

专家学者以经验分享的形式，将前沿的理论和实践传递给一线的教育工作者，以便指导实践活动。

（二）活动方案

结合学校的现实需求邀请专家开设讲座。

推荐主题：“中（小）学生常见心理健康问题分享”“家校协同——用心理学的方式做好家校沟通”“学校心理氛围的创建”“危机干预的流程和方法”“将心理学艺术融入学科教学”等。

（三）注意事项

1. 理论与实践并重，既注重知识的讲授和传播，也兼顾中小学工作的实操性。

2. 注意对象的特殊性，班主任、年轻教师、临退休教师等有相同的部分也有差异部分。

四、师生心理游园会

（一）活动目标

拉近心理健康教育与师生们的距离，揭开心理健康教育知识的神秘面纱，使学生们敞开心扉认识自我，了解自我，关注自身心理健康。

（二）活动方案

1. 爱的抱抱——在现场与自己的好友真诚拥抱，互相鼓励；

2. 心理漂流瓶——写下你当前的心理困扰，让身边的同学们给你一些解决思路和灵感；

3. 奶油胶制作——发挥自己的想象力，用奶油胶制作具有个人印记的小挂件；

4. 微笑采集——在现场留下你的笑脸；

5. 树洞行动——写下自己的烦恼或困惑，装进心理漂流瓶，现场的同学们可以随机打开瓶子进行解答；

6. 好运传递——为中高考学长们写下送考祝福语；

7. 心理测量——现场咨询和测量，由专业心理健康教育教师现场提供服务；

8. 写给未来的自己——写下想对一年后的自己说的话，一年以后由心理健康教育教师派送给你。

（三）注意事项

1. 选择的活动须符合学生的年龄特征，小学生的自我认知是从比较具体的外部特征的描述向比较抽象的心理术语的描述发展的，所以活动的内容形式要具体、有趣。

2. 需要提前布置会场。

五、学生心理委员培训

（一）活动目标

通过培训，使学生心理委员了解和掌握一些心理知识，在班级中能对心理健康教育类问题有一定的敏感度。学生心理委员的工作要点如下：

1. 大胆探索，找准工作的切入点。

优秀的学生心理委员不仅要学会贴近同学们的生活、需求、心理，时刻关注心理热点、心理难点、同学们的心理变化，还要学会抓好健康观念引导、心理调节指导、融洽人际倡导。

2. 明确职责，突出工作的侧重点。

组织活动时应重在“组织”，朋辈互助时应注重“倾听”，危机干预时重在“报告”，心理资源重在“推荐”。

3. 高度警惕，把握工作的关键点。

学生心理委员在陪伴、支持有心理危机的同学时，应推荐其主动咨询，如发生突发情况应及时护送就医，保证同学安全，并立即报告老师。

4. 加强联系，稳固工作的支持点。

心理委员应加强与班级同学、班委、班主任以及心理健康教育教师的联系。

（二）活动方案

根据学生心理委员的工作要点，可以设置如下培训主题：“小小心委，大大作为——心理委员做什么”“心理健康教育主题班会如何开展”“学会倾听”“当我发现心理危机”等。

（三）注意事项

1. 小学阶段的心理委员由于年龄尚小，其职责主要为对班级同学的心理状况具有敏感性，发现问题后能第一时间与教师沟通。

2. 注意对学生进行正向引导，不让心理委员成为打小报告的角色。

六、心理观影活动

（一）活动目标

丰富心理健康教育形式，寓教于乐，提高学生对心理健康的认识，使学生保持积极健康的心理状态。

（二）活动方案

小学：《青春变形记》《头脑特工队》。

中学：《叫我第一名》《美丽心灵》。

（三）注意事项

1. 选择的电影要符合中小学生的年龄特征。

2. 观影后要思考和分享，不能使活动流于表面。

七、学生心理剧展演

（一）活动目标

通过让学生"自己演，演自己"，把"大道理"用"心理剧"的形式表现出来，既能够让学生从中受到心灵上的启迪，又能够使学生感受到现实生活的美好，还能够增进学生之间的互动和交流，促进学生认识自我和成长。

（二）活动方案

1. 确定主题。可围绕成长内在动力的激发引导，自我意识与人际沟通问题，青春期困扰问题，和谐亲子关系的建立与维护，未成年人的挫折教育，网络教育，生命教育，入学适应问题，留守儿童、随迁子女等特殊学生群体的心理健康教育等确定活动主题，创作剧本。

2. 以班级为单位选择或创作心理剧本，每班需有一名教师负责。

3. 确定心理剧演员。

4. 心理剧的排练和道具准备。

5. 选择合适的时间在校展演。

（三）注意事项

1. 选择或创作的剧本需要贴合当下学生的生活情境并包含心理健康教育元素。

2. 小学生以班级为单位排练心理剧时，需要教师全程带领；有实践能力的中学生可自行排练。

八、学校心理文化长廊

（一）活动目标

通过心理文化长廊宣传心理健康教育知识，渲染学校心理健康教育的氛围。漂亮美观、寓意深刻的文化景观，带给大家的不仅仅是一种享受，更是一种文化熏陶。

（二）活动方案

搜集适合的心理健康知识，布置长廊，内容主要包含学生心理健康标准、心灵放松减压小技巧、构建和谐人际关系小策略、快乐成长、心理咨询与辅导等，让师生们在日常进出教室的过程中能随时知晓心理健康教育的相关知识。

（三）注意事项

1. 美观性。文化长廊的设计布置要符合美学特点。

2. 恰当性。所选择的内容应符合当前群体需求。

3. 全面性。内容兼顾教师、学生、学校的角色定位，包括理论知识、实践经验等类型。

九、学校心理报刊

（一）活动目标

心理报刊是学校心理文化建设的一部分，意在宣传心理健康基础知识，营造学校心理健康教育的氛围。心理报刊包括教师版心理报、学生版心理报。

（二）活动方案

教师版心理报的主题可参考“教师开学心理指南”“悦纳自我，提升内驱力”“如何科学处理班级矛盾?”“用心理学智慧与家长沟通”“关爱自我，调节压力”“青少年在想什么?”等。

学生版心理报的主题可参考“学生开学心理指南”“考试焦虑怎么办?”“今天你内卷了吗?”“情绪管理”“如何跟家长沟通?”等。

1. 教师版心理报案例(“心态调整”版块)。

【如何上好开学后的第一课】

(1)要让学生拥有阳光心态,充满正能量。

首先,提醒学生及时调整作息。假期中,许多学生的生活规律打乱了,开学前如果不及时调整,就很难适应正常的学习生活,因此,教师在开学第一课中应引导学生及时调整“生物钟”。

其次,多对学生进行积极的“心理暗示”。新学期每个学生都有一种积极向上的良好愿望,上学期学习成绩不太理想、行为习惯不尽如人意的学生,更会萌发出一种“忘掉过去,重新开始”的向上心理,渴望在新学期能够引起老师的关注,获得同学们的肯定。此时,教师一个信任的眼神,一句亲切的话语,一个鼓励的手势,都会在他们心里“一石激起千层浪”。

再次,应以平和的心态帮助学生们消除“开学恐惧”。开学初期,学生表现出来的厌学心理尤为明显,此时,冷嘲热讽、批评指责是解决不了问题的,最好的办法就是以平和的心态引导他们逐渐进入学习状态。例如,在开学第一课时和学生们多交流假期见闻,作业不要布置得太多等。

(2)从沟通开始,建立良好的师生关系。

首先,从情感上沟通。开学第一堂课,别急着上新课,而是要与学生“侃大山”。在“侃”的过程中与学生进行贴心的情感交流。一是与自己沟通,反思自己的课堂教学。二是与学生沟通,听听学生对自己课堂教学的看法。教师的课上得如何,学生最有发言权,教师只有宽容、真诚,营造一个宽松的环境,学生才不会顾虑。让学生谈谈喜欢什么样的课堂,有哪些特殊要求,只要是合理的要求,教师都应该满足。

其次,从学生感兴趣的话题沟通。学生在假期一定参加过很多活动,比如和父母一起回老家过年或者出去旅游,和同学一起参加某项活动,其间肯定发生了有趣的事情,可以让学生自己谈谈假期中印象深刻的事情。这既可以激发学生上课的兴趣,又可以训练学生的语言表达能力,还能为学生积累写作素材。

（3）让学生感到学习轻松又充满希望。

首先，营造轻松的课堂氛围。教师可以与学生共同回顾假期生活，引导学生讨论收获和感受，让学生畅所欲言。

其次，教师要检查上学期布置的学习任务和实践项目完成情况，以鼓励性评价为主。还可以提前设计一些与本学科有关的趣味游戏和竞赛，有选择地回顾以前学过的内容，唤醒学生的学习兴奋点，结束假期生活的懒散状态。

最后，师生可以共同商讨、制订新学期的学习计划，消除学生对新学期学习任务的恐惧，帮助学生树立信心，点燃学生对新学期学习生活的希望。

总之，开学第一课的意义不寻常。上好开学第一节课，能给教师本人和学生一个良好的起点，为今后的教和学奠定坚实的基础。

2. 学生版心理报案例（“你问我答”版块）。

问：我上高中之前，是班里的佼佼者。老师表扬我，同学羡慕我。可是来到这里以后，我发现大家都很优秀，有人聪明伶俐，有人个性开朗，有人积极乐观，我感觉自己一无是处，没有值得骄傲的地方。老师，我该怎么办?

答：你好，我知道你心里存在一些落差。其实，你没有很好地认识自己，你自认为不如别人，忽略了自己的潜能。你需要树立正确的自我意识，老师给你以下三点建议：

（1）积极地肯定自己。

古希腊人把“认识自己”看作人生的最高智慧。据调查，很多高中生或多或少存在自卑心理，很容易看到自己的弱点和不足，却看不到自己的优点和长处。这种认识不符合实际。每个人都应该清楚自己的优点，尽可能地利用好它们。同时，要有自己的价值取向，不因他人的光辉而炫目，不为自己的平凡而自惭，而应自尊、自重、自强。卡耐基说，不要浪费时间担忧自己与众不同，你在这个世界上完全是崭新的，前无古人，也后无来者。所以，你要为自己是世上独一无二的人而感到自豪，用力地弹起生命的琴，把自己的禀赋发挥出来。

（2）愉悦地接纳自己。

悦纳自己就是要看到自己的存在价值，认同自己，包括接受自己的某些缺陷，在行为上表现出与环境和他人的积极互动。

悦纳自己与客观环境、本人条件并不完全相关。有些人有生理缺陷，但很乐观；有些人虽然并不富裕，却知足常乐。有人发现自己的弱点和缺陷后，就当成包袱背起来，老是挂在心上，于是自己的精神优势就被缺陷、弱点所压垮，自己的聪明才智、潜在能力就无从发挥。在生活中，我们要学会使用转折句，充分肯定自己，给自己积极的暗示。例如：我不漂亮，但善解人意；我眼睛小，但很精神；我个子不高，但心地善良；我智商平平，但勤奋努力；我不够开朗，但温柔细腻。

(3) 主动地调控自己。

自我控制是自我心理结构中最重要的调节机制，也是心理成熟的标志。我们阅读伟人传记时不难发现，成功者和失败者的重要差别就是能否坦然接受那些无法改变的缺陷，设法改变那些可以改变的不足，以勤补拙，以才补缺。据说古希腊演说家德莫斯蒂尼从小就为自己的严重口吃而苦恼，后来，他在努力纠正口吃的过程中，不仅治好了口吃，而且成为古希腊著名的演说家。

每个人都在有遗憾地活着，我们必须接受这样的现实：我在某些方面行，在别的方面有缺陷；天才稀有，平凡是绝大多数人的命运。请你记住毕加索的一句名言："你就是自己的太阳。"昂起头来，做好自己的太阳！

(三) 注意事项

1. 可将编辑心理报作为学校日常工作，定期刊印。

2. 可根据校园生活现实状况和学生们当前面临的问题确定每期心理报的主题。

十、学校心理广播

(一) 活动目标

充分利用广播、电视、网络媒体等平台和渠道，传播心理健康知识，积极营造有利于教师健康工作、学生健康成长成才的环境。

(二) 活动案例

本月的馨苑广播将和大家分享《每个自卑者都是一只潜力股》。

每个自卑者都是一只潜力股

当看到“自卑”二字时你最原始的反应是什么？畏首畏尾、没有自己的主见、最好彻底把它驱离我的生活、我就是自卑者……这些可能是多数人对自卑产生的第一反应，因为我们在脑海里已经把自卑定义为“贬义词”，我们害怕它，因为每当体验到这种情绪时心里总是不舒服。人很奇怪，一旦把某物打上贬义的标签，通常就会从负面角度去对待它。而那些可能拥有自卑感的人就会从负面的角度去看自己：因为我有了大家都认为不好的东西，所以我是不好的人！我们对自卑感的错误认知，导致多数人被误导，活活把自己掐死在涨停的前夕。

著名心理学家艾尔弗烈·阿德勒曾说过：“人们所有的成长动力与行为目标旨在追求安全和克服自卑感。”他把自卑感定义为一种能帮助人成长的情绪。追求安全感可以理解（生存需求），但克服自卑感的意义在哪里？这种意义被阿德勒认为是驱使个体行动的原始动机。阿德勒认为，每个人都有追求更好生活与卓越的本能，因为只有生活更好、能力更强，人才能获得安全感与更多择偶机会。但在追求卓越的过程中，人不可避免地会遭遇困境，出现无法完成某事时的无力感与无助感，进而产生对自己的失望心理，产生自卑感。人的竞争意识非常强，大自然的生存法则就是物竞天择、适者生存。在竞争过程中，我们会自然地与别人做比较。向上比易产生自卑，激发动力，向下比则容易产生自信，收获满足！

（三）注意事项

1. 语言生动有趣，不说教，不枯燥。

2. 穿插在校园活动间隙，融入校园生活。

（本节作者：苏莉莉）

第五节 家长工作中的心理健康教育

一、家长学校中的心理健康教育

（一）提倡自主支持

自主支持养育是指家长对孩子的自主性发展提供支持的养育行为。具体表现为理解孩子的感受与需要，对自己的要求做出解释；发掘并鼓励孩子做自己热爱的事，鼓励孩子表达观点，为孩子提供选择，对孩子的行为进行及时反馈（反馈的重点在于描述所见或感受而非评价式赞扬，如“你很专心，每道题都做对了！”而非“你真聪明！”）；做孩子的“脚手架”和拐杖，只提供适当的帮助，在孩子有足够能力后就及时停止帮助，在孩子不需要帮助时不帮助、不包办；随着孩子不断长大，懂得放手，让孩子做自己行为的负责人。自主支持的家庭环境能够满足孩子的基本心理需求，能增强孩子的内部动机，提高孩子的学习效率，提升孩子的幸福感。

（二）减少控制养育

与自主支持养育对应的是控制养育。具体表现为对孩子的行为过度控制，严格监控孩子的日常生活，要求孩子汇报一切学习与生活内容，大喊大叫，辱骂甚至体罚孩子，或者操控孩子的感受、情绪和想法，通过话语让孩子内疚、收回关爱、翻旧账、贬低人格等。家长高控制会阻碍孩子的自主性发展，降低孩子的成就感，破坏亲子关系。

反之，家长制定适当的规则并进行秩序管理能够促进孩子的发展。家长要以不羞辱、不暴力作为原则，以解决问题而非发泄愤怒作为目标。可以在问题发生前与孩子一起制定清晰的规则，对规则提供合理的解释，并持续关注孩子是否遵守规则，然后在孩子破坏规则时坚定地履行约定，如不写作业就不能看电视。另一些问题，可以让自然后果替代惩罚，如挑食只能饿肚子等。

（三）怀有接纳之心

家长对孩子与别人的差距和不理想结果应怀有接纳之心。接纳之心是指家长对孩子的气质特点和能力水平保持开放的态度，接受孩子的行为和能力不以自己的意志、意愿为转移，不强求，不苛责。当孩子出现消极或不良行为时能够以接纳的态度面对孩子，养育具备某些难养气质或特点的孩子时，能够在接纳现实的基础上，以孩子能接受的方式促进孩子更好地发展。

（四）端正价值观念

价值观是正确认识事物、明辨是非的思维或价值取向。父母是孩子的第一任老师，孩子的价值观是在家长的影响下逐渐形成的。家长需要言传身教，结合故事中、现实生活中的榜样为孩子树立正确的价值观，指导孩子形成积极的生活态度和健康的人生观、世界观。正确价值观的培养离不开积极向上的家庭环境和好的教育。家长可以为孩子创设践行正确价值观的活动机会，让孩子在实践中体验其力量，充分接纳和内化。良好的价值观取向能够促进孩子的积极发展。

（五）促进同伴交往

随着孩子逐渐成长，家长需要帮助孩子逐渐融入同伴群体。小学时，家长可以组织集体活动，邀请孩子同伴参加，以此为孩子创造与同伴交往的机会。随着孩子不断长大，家长可以慢慢改为提供场地和物资，在确保孩子安全的条件下，鼓励孩子们自由自主地进行同伴互动与活动。

二、家校协作中的心理健康教育

（一）制定独立生活的行为时间表

家长可以跟孩子共同协商确定独立生活的时间进程，并制定时间表。针对孩子什么时候分床睡、什么时候能自己上学放学、什么时候能自己选购服装、什么时候能自己做饭、什么时候独立管理财务……做好时间计划和条件的限定，以保证科学性和适宜性。同时，由孩子自己决定时间表，更能激发孩子的信用意识，确保按时间表进行的可能性。

（二）家务劳动分工合作

家务劳动是锻炼孩子合作意识、责任意识的适宜任务。一方面，家务劳动能够增强孩子的家庭观念，使孩子理解父母的不容易，增强主人翁的责任感和成就感；另一方面，家务劳动能够使孩子的身体得到锻炼，并且精细化生活中的一些小技巧，让孩子能够拥有更丰富的生活技能，增加孩子独立生活的信心。

（三）家庭采访

心理健康教育教师也可以围绕家庭采访开展一系列的主题活动。鼓励孩子回家后对家庭成员开展不同方面的访谈。这个活动一方面可以增加家人之间的互动，增进亲子交流，另一方面能让孩子更了解家长的生活与工作，学习家长的生活经验，学习家长克服困难、挑战生活的态度与品质。

三、家长论坛中的心理健康教育

心理健康教育教师可以利用主题班会的时间组织家庭教育论坛。针对不同的主题，邀请几位家长担任分享嘉宾。家长轮流发言，就自己的成长经历、生活经验、对热点事件的看法、如何培养某种积极品质等发表意见，鼓励孩子们学习榜样，主动克服困难，积极应对挫折与磨难，培养积极品质，提高心理韧性与抗挫折能力。

（本节作者：王苏）

第五章

教师心理素养的自我提升

心理素养是个体心理的一种综合性机能状态，是人们在特定社会生活实践中，通过与内外环境相互作用而形成的相对稳定的心理特质。教师心理素养，可以界定为教师在教育教学活动中形成的、影响教育教学效果的自身相对稳定的心理特质。

当前，我国教师教育领域对教师心理素养的关注明显不足。不论是职前教育还是职后教育，对教师教育的关注焦点主要集中于学科知识、教学技能，更多关注教师的职业发展，而对教师的心理发展则相对忽视，没有给予足够的重视。其结果，一方面直接导致教师心理素质降低和心理问题频生；另一方面，使得教师难以从心理发展的角度看待问题，对教育理念、教育现象缺乏心理解读能力，也在一定程度上限制了教师的专业发展。

因此，关注教师的心理成长是当前我国教师教育的重要任务。教师的心理成长不是一个自然成熟的过程，它要求教师关注自身的心理发展，将心理素养的培育贯穿于职业生涯，学会运用心理健康教育的理论和方法看待和解决教育实践中的问题。

教师心理成长的核心是心理素养的优化，其内容包括两大方面：一是在教育教学过程中对自身心理素质的优化，即教师一般心理素养的发展；二是在现代教育理念之下扮演好教师的角色，提升自身心理健康教育能力，即教师专业心理素养的发展。这就意味着教师心理素养由两大部分构成，一是教师一般心理素养，二是教师专业心理素养。

第一节 教师一般心理素养的提升

教师一般心理素养，是指教师自身心理素质，其构成成分包括认知、情感、行为及人格等内在心理品质。按照其发展水平又可分为发展性、适应性与障碍性三种不同层次的心理机能状态，综合表现为教师的心理健康水平。如何提升教师一般心理素养？首先应当从改善教师的心理状态入手，因为只有良好的状态基础，才能维护心理健康，促进心理成长。

一、走出职业倦怠的困境

职业倦怠，是教师出现心理健康问题的典型表现。我们对东北地区 10 个城市的 1800 多名中小学教师进行调查，结果显示：感受到职业倦怠影响的教师已超过 60%，经常受到职业倦怠困扰的教师占 22.6%。这表明我国中小学教师的职业倦怠已呈现出较为严重的状态，并导致 1/3 的教师产生明显的离职意向。虽然离职意向不等于离职行为，但有离职意向的教师肯定会减少对教育和教学的投入，也会直接影响到教育教学的质量。这是当今我国教师教育不容忽视的现实问题，也是危及教师队伍稳定性的重要因素。

（一）认识职业倦怠

什么是“职业倦怠”？简单地说，职业倦怠是教师在长期压力下所产生的情绪、态度和行为的衰竭状态。具体而言，倦怠是指一种特定的心理状态，表现为情绪衰竭、人格解体和低成就感。其中，情绪衰竭是职业倦怠的核心成分，是指教师个人工作热情的耗尽，表现为厌倦、易怒，是一种情绪情感极度疲劳的状态；人格解体是指教师对学生表现出冷漠、消极的行为，对学生持否定态度，尽可能疏远学生等；低成就感是指教师对自己的工作不满意，表现为发现自己的努力未能给学生带来任何变化，自己的付出未得到应有的回报和承认，因而工作中的效能感降低，对自己消极评价的倾向进一步强化。

经受职业倦怠的教师一般会表现出五个方面的症状：身体的、认知的、社会的、情绪的和精神的。每一方面的症状都不是孤立的，而是与其他方面紧密结合、相互关联的。

1. 身体方面的表现：出现深度疲劳、头痛、消化不良、高血压等慢性衰竭状态；出现失眠或睡眠过多等睡眠紊乱状态；出现厌食或暴饮暴食等饮食不当行为。

2. 认知方面的表现：无法处理信息，注意力难以集中，做决定艰难，常常拖延，犹豫不决。

3. 社会方面的表现：与同事、学生之间关系紧张，对一切失去兴趣，对学生缺少同情心，甚至会把怒气发泄到学生身上。

4. 情绪方面的表现：消极被动，情绪不稳定，偏执，易猜疑，失去自尊心。

5. 精神方面的表现：工作乐趣、信心和创造力消失，出现恐惧、焦虑、孤立和冷漠的状态，与学生、同事及家庭的关系变得危险，甚至觉得个人精神世界被摧毁了。

（二）调控职业倦怠

如何帮助教师摆脱职业倦怠困扰？如何帮助倦怠中的教师重燃教育激情？实际上，职业倦怠调控是一项系统工程，需要社会、学校和教师个人三者通力配合。社会体制方面，通过制定各种政策法规来提高教师的社会地位；加大教育投入，对教师工作提供必要的支持和保障，形成有效的社会支持网络，形成尊师重教的社会风气，给教师以必要的人文关怀和适度的社会期望。学校方面，应人性化地对待教师，了解教师的能力和工作情况，公平对待每一位教师；及时、适当地给教师的工作以鼓励和肯定，提高教师的角色认知水平；关心和正确对待教师的心理冲突，帮助其分析冲突原因，消除心理阴影；增加教师和学生交流的机会，使教师得到更多来自教学过程的内在奖励；给予教师更多的自主权；学校的组织管理要使教师有获得社会支持的心理感受。但社会和学校是引发教师职业倦怠问题的外部原因，教师个人因素是引发职业倦怠问题的内部原因，因此，教师应重点从个人因素入手，通过自我心理调控方法，从职业倦怠中走出来。

1. 学会时间管理。每个人都拥有相同数量的时间，可是有很多人完成了数目可观的工作，却没有被压力击垮，他们的秘诀就是有效利用时间。时间管理的步骤包括时间分析、目标设定、按优先顺序排列目标、授权和行动。

2. 保持身体健康。适当的休息和合理饮食对保持身心健康必不可少。然而，教师在忙碌的过程中常常不注意营养，也常常感到无法保证充足的睡眠。因此，教师应掌握有关营养和休息方面的内容，认识到锻炼身体对健康生活的必要性，制定时间表进行有规律的锻炼，这样身体状态就会有显著改善，紧绷的神经也能松弛下来，从而产生更多的能量。任何与学校无关的、让人感到愉快的活动，都可以帮助教师与消极情绪做斗争，如听音乐、研究艺术、阅读、运动等。

3. 提高社交技能。很多教师产生职业倦怠，往往与学生纪律问题或家长沟通问题有关，这就需要教师提高社交技能。一个最简单的社交技能是倾听。当面对学生时，停下你正在做的事，看向对方，思考他所说的话，问一些问题以确保自己完全理解他的话，即教师要积极主动地倾听学生，像对待成年人那样给予对方同样多的关注。当面对家长时，倾听也是一个重要因素。家长们有信息、想法和感受需要分享，如果教师没有认真倾听，家长就会觉得自己的信息和感受是没有价值的。积极倾听学生和家长，可以很大程度上避免产生压力。

4. 优化班级管理。经常使用惩戒手段解决学生问题行为的教师，常常是倦怠的高危人群。尽管许多教师能够掌握人际交往技能，但仍有一些教师在激励学生方面遇到了困难。这部分教师需要优化班级管理技能，从而减少由此带来的心理困扰。

5. 注重精神恢复。要想使自己内心平静、意志坚强，精神恢复非常关键。有方向感、意志坚强且内心平静的教师，就有能力经受住日常生活的压力。恢复精神的形式有阅读、听音乐、享受大自然的美丽与宁静。精神恢复是抵御职业倦怠最重要的方式。

二、避免职业压力的侵蚀

教师作为学校工作的中坚力量，承载着来自学校、家庭、社会等的多重期望，背负着学生成长、自身发展、学校提升、社会进步等多方重任。来自社会、学校、家长、学生的诸多压力，导致教师心理空间被严重挤压，出现惶恐不安、心绪不宁的状态。有时候很小的一件事，可能就会引发教师强烈的情绪反应，甚至行为失常，出现心理健康问题。因此，社会在为学生减负的同时，也需要为教师减负。

(一) 认识职业压力

压力一词最初是一个物理学概念，指的是垂直作用于物体表面上的力，这种力的作用可以使物体发生形变。1932 年，美国生理学家沃尔特·坎农将压力引入生理学领域，将其定义为斗争和逃避综合征。之后他的学生汉斯·塞利将压力引入医学领域，将压力看作身体为满足需要而产生的一种非特定性反应。自此，压力不再仅限于物理学领域，也成为心理学概念。一般情况下，人们常常从三个方面去认识压力：压力源、压力感、压力反应。

1. 压力源是引起人紧张的事件。压力事件或压力源可能是真实存在的，也可能是人们想象出来的，如工作任务的期限迫在眉睫、某个学生误解了自己、与同事关系紧张、即将到来的年度考核、想象自己被校长批评等，这些事件可能引起人窒息、紧张，都属于压力源。让人感到紧张的压力源不计其数，有的是工作中的，有的是家庭生活中的，也有的是社会事件，比如社会变化、教育改革等。人们在工作中经历的压力源繁杂多样，尤其对教师而言，压力源更是汹涌而来，让人无处遁形。

2. 压力感是人的一种主观感受，是人对压力源的体验、解释与评价。压力源是客观存在的，但是压力感是每个人内心的感受和想法。同样一件令人感到紧张的事件，如面对学生顶撞教师这件事，有的教师会暴跳如雷、怒气冲天，有的教师则会平静如常、巧妙应对，两位教师所体验到的压力截然不同。压力感实际上就是心理压力，它是压力事件引发的心理感受，是对压力程度和性质认知评估的结果。前一位教师可能认为学生顶撞教师这件事很严重，性质很恶劣，感受到很强的心理压力，后一位教师可能会觉得青少年处在反抗期，反抗权威是这一阶段的正常表现，因而不会产生过强的心理压力。

3. 压力反应是人表现出的身心反应。压力会引发人身体、心理上的变化，即当人面对压力源时带来的身心反应，包括心理唤醒和生理唤醒两个方面。由心理唤醒的压力反应，会使人表现出一种心理紧张状态，如会感到害怕、紧张、焦虑，也会感到烦躁、忧郁及一丝丝的恐惧和担忧等；由生理唤醒的压力反应，会使人感到心跳加速、呼吸短促、身体僵硬、浑身发冷、手心出汗等。

实际上，压力是包括上述三个方面的一个完整过程。首先，压力事件作为压力源，会直接作用于人。其次，人会对这些事件进行评价，有的人可能把压力事件看作挑战，有的人可能认为它很糟糕，而有的人还可能对此并不在意；压力事件经过解释和评价后产生压力感。再次，压力感又会引起人身体和心理上的一些变化，不同的感受和看法所引起的变化是不一样的。认识压力产生的过程，可以为教师调控压力提供理论基础。

（二）调控职业压力

既然压力是由压力源、压力感和压力反应构成的一个完整过程，那么，我们既可以通过认识压力源来调控职业压力，通过调整身心反应来缓解职业压力，也可以通过改善压力感来减轻职业压力。

1. 直面压力事件，缓解职业压力。影响我国中小学教师的压力源有哪些？我们曾经对 8 名中小学教师进行访谈研究，结果表明：我国中小学教师的压力源主要包括个人与职业发展压力、工作任务压力和社会压力。个人与职业发展方面的压力源包括个人责任感、职称晋升问题、不合理的日常考核、课程改革的压力等；工作任务方面的压力源包括考试升学压力、工作负担过重、应付各类检查考评、学生成绩不尽如人意以及学生难以管教等；社会方面的压力源包括社会的高期待与教师地位难以体现间的矛盾、工资待遇低、与学校领导关系不和谐、同事间竞争激烈以及家长不支持教师工作等。了解使自己产生压力的事件，然后对症下药，就能够有效予以应对。例如，有的教师的压力源是缺乏有效的课堂管理技能，那么通过提高自己应对学生问题行为的能力，就能够缓解这一压力。

2. 积极改变认知，减轻职业压力。教师面临的职业压力有时候并非由压力事件直接引起，而是源自其不合理的认知方式。与其说是某种事件引起了压力，不如说是因为教师的认知偏差而产生了压力。因此，教师需要学会找出自己头脑中的不合理认知方式，并建立较为现实的、积极的认知方式，以此调节自己的职业压力。例如，“过分概括化”就是一种不合理的认知方式。过分概括化，一方面表现为对自身的不合理评价。如一次失败就认为自己“一无是处”“一文不值”，以一件事情的结果来评价自己整个人的价值，其结果往往会带来高压力。另一个方面也会表现为对他人的不合理评价。如学生稍有过失就认为其一无可取，不自觉地放大了管理学生的难度。教师需要认识到，任何事情都有两面性，积极的认知就是在看到事物不利方面的同时能看到其有利的方面，学会全面、客观地看问题，正确地认识和评价自己，通过改变自我，形成正确的自我观念。

3. 应对压力反应，缓解职业压力。压力事件带来的心理冲击会进一步引发恐慌、焦虑等压力反应，这是人类在应对各种生命威胁过程中获得的一种保护性身心机制。此时的恐慌和焦虑反应是正常的，但过度的恐慌、焦虑会使人行为失当。所以，在面对焦虑、恐惧等情绪时，不要试图否认和排斥它，而是接受下来；面对自己的行为失当，可以转移注意力，做一些能够让自己轻松下来的事情，也可以使用一些放松减压技术，来调控自己的紧张状态。只有在行为上掌握有效应对的方法，在情绪上掌握调控的策略，才能缓解因压力反应所带来的身心症状。

（本节作者：刘晓明）

第二节 教师专业心理素养的提升

教师专业心理素养，是指教师在职业活动中应具备的心理胜任素质。教师专业心理素养可以通过五种能力表现出来：把握教学目标能力、引导学生学习能力、进行心理沟通能力、理解心理发展能力及应对问题行为能力。而这五种能力又与教师的五种角色相对应："把握教学目标能力"要求教师扮演好"学生智慧生成者"角色，"引导学生学习能力"要求教师扮演好"学生学习引导者"角色，"进行心理沟通能力"要求教师扮演好"人际关系调节者"角色，"理解心理发展能力"要求教师扮演好"心理发展促进者"角色，"应对问题行为能力"则要求教师扮演好"心理健康维护者"角色。想促进教师专业心理素养提升，需要帮助教师在现代教育理念下扮演好自身角色，提高自身专业能力。

一、学生智慧生成者——把握教学目标的能力

这一角色过去被称为"知识传授者"。将"知识"改成"智慧"，将"传授者"改成"生成者"，是因为"教知识"不是学校教育的核心目标，"教知识"只是手段和载体，"教知识"的目的是发展学生的智慧，即"转识成智"；同时，按照人本主义教学观，学生不是教出来的，教学的主体是学生而不是教师，"生成者"则体现出学生在教学中的主体地位。要扮演好这一角色，需要

教师具备把握教学核心目标的能力。

什么是教学的核心目标呢？长久以来，西方特别是美国心理学家，对教学目标的研究基本上遵循的是一条自下而上的道路，即以学习的结果来制定教学目标，其中最具代表性的是布鲁姆等的研究。布鲁姆等认为，一个完整的教学目标，其构成成分应该包括认知、情感、动作技能三个最基本领域，而每一领域又可细分为不同的类别，每一类别又分为不同的子类别。

认知领域包括六个主要类别：（1）知识；（2）领会；（3）运用；（4）分析；（5）综合；（6）评价。

情感领域包括五个主要类别：（1）接受或注意；（2）反应；（3）价值评估；（4）组织；（5）性格化或价值的复合。

动作技能领域包括四个主要类别：（1）观察；（2）模仿；（3）练习；（4）适应。

而下一层次的子类别则内容更多。例如：认知领域中的“分析”包括三个子类别：要素分析、关系分析、组织原理分析。情感领域中的“反应”包括三个子类别：勉强反应、愿意反应、乐意反应等。至于各领域、类别及子类别之间的关系，布鲁姆等认为，各类别及子类别内部呈现的是一种递进的层次结构关系。如认知领域中的六类教育目标是按照由低到高、由简单到复杂的秩序排列的；子类别也同样如此，即关系分析要以要素分析为基础，同时成为组织原理分析的基础。

布鲁姆等人对教学目标的分类后来为我国课程改革提供了前期基础，形成了新课程的三维目标，即知识与技能，过程与方法，情感态度与价值观。在以往的教学实践中，许多教师都知道三维目标是什么，却很难了解到它背后的为什么。在解读三维目标时，往往是就着目标来解读目标，或是从学科知识的角度来解读目标，结果把三维目标解读空了，很难做到“知其然知其所以然”。为什么这样来制定教学目标？其背后的理论依据是什么？实际上，其背后的理论依据是教育心理学中的学习理论。从 1903 年美国心理学家桑代克提出第一个学习理论开始，学习理论的研究已经走过了一百多年的历史，主要形成了学习理论的三大流派：行为主义学习论、认知学习论和人本主义学习论。这三大学习理论分别发现了学习的三个侧面，即行为变化、认知变化和情感变化。

（1）从20世纪初到20世纪50年代中期，在这50年的发展历程中，行为主义学习论占据主导地位。行为主义学习论认为学习是人的外在行为的变化，而行为的变化主要通过“知识的获得”和“技能的形成”予以体现。所以，“知识与技能”这一目标主要对应着学生“行为变化”这一学习结果。

（2）从20世纪50年代中期至20世纪80年代中期，认知学习论开始占据主导地位。认知学习理论认为，学习不仅有外在行为的变化，还有大脑之内思维的变化、记忆的变化，而外在行为变化是大脑内部认知变化的结果，因此，学习最重要的是大脑之内认知的变化。而认知变化主要是通过“认知过程”和“认知方法”表现出来的。所以，“过程与方法”这一目标主要对应着学生“认知变化”这一学习结果。

（3）从20世纪80年代中期至今，人本主义学习理论逐渐占据核心地位。人本主义学习理论认为，学习不仅有外在行为的变化和大脑之内认知的变化，还包括情感的变化。例如，对一个学生来说，他要取得良好的学习成绩，最重要的是什么？即使他有一个非常聪明的大脑，有教得最好的教师来帮助他，但是如果他自己没有学习的愿望，也难以取得良好的学习成绩。所以，学习最重要的是学生情感的变化，而“情感变化”可以通过“情感、态度、价值观”予以体现。所以，“情感、态度、价值观”这一课程目标主要对应着学生“情感变化”这一学习结果。

由此可见，三维目标背后的理论基础是“学习理论”。学习是认知、情感与行为综合变化的过程，而三个方面的变化一旦稳定下来，就成了学习的结果。行为的变化稳定下来称之为“行为技能”或“行为习惯”；认知的变化稳定下来称之为“认知方式”；情感的变化稳定下来则称之为“态度”或“价值观”。这三个方面的变化一旦稳定下来，就会超越知识或内容，成为一个人心理的一部分，所以教育最核心的目标是心理发展。

二、学生学习引导者——引导学生学习的能力

这一角色过去被称作“学习指导者”。将“指导者”改成“引导者”，是因为学生不是教出来的，而是引导出来的。我们既不是环境决定论者，也不是遗

传决定论者。按照人本主义学习理论的观点，一棵树的种子落到地上，在合适的阳光和土壤下，自然而然就能够长成一棵参天大树，因为树的种子里就蕴含着成为一棵大树的内在力量。学生也是一样，人天生具有求知欲和好奇心，教育者的职责就是将学生求知的火种点燃。

引导学生学习的着重点，是帮助学生形成积极的学习态度，对学习产生正向的情感、态度和价值观。在教学实践中，教师如何引导学生对学习产生积极的态度呢？人本主义的学习观认为，学习的本质是意义学习。所谓“意义学习”，就是能够看到所学习的内容和自己之间的关系。看到了二者之间的关系，也就意味着为所学习的内容赋予了情感、态度和价值观。比如，教师怎样看待学习外语的重要性？当你觉得自己目前没有这方面需要的时候，你不会觉得有学习外语的必要性，可下个月要参加职称评定，首先要通过外语考核，此时你就会感觉到学习外语的重要性，会赶紧把外语书拿出来看。为什么？因为你看到了学习外语和自己之间的关系，你为它赋予情感、态度或价值观了。当我们感受到知识对自己的重要性后，就会全身心地投入进去，既包括认知参与，也包括情感参与，学习就成为自己的事了。在教师进行课堂教学时，为实现情感、态度或价值观的目标，就应当把我们要教给学生的知识与学生自身建立起联系，只有让学生感受到知识对自己的意义，他们才会产生情感学习。

三、人际关系调节者——进行心理沟通的能力

这一角色过去被称为“班集体组织者”。改成“调节者”，在于“组织者”一词的行政色彩太浓，无法表达出学生的主体地位。一旦改成“人际关系的调节者”，则需要教师走进学生的内心世界，具备与学生进行心理沟通的能力。学校的教育活动是师生双方共同的活动，是在一定的师生关系维系下进行的。良好的师生关系能够驱动学生乐于接受教师的教导，使学生对教师所教的课程产生兴趣和爱好；能够消除学生恐惧、忧虑的心理负担，使其主动性、积极性得到充分发挥。反之，不融洽的师生关系会使教和学的关系难以协调，给教育活动带来重大的挫折。因此，建立良好的师生关系是教育活动取得成功的必要保证。要想和学生建立良好的师生关系，教师就必须给学生以心灵上的关怀。

只有这样，师生之间才能产生情感共鸣，师生关系才会变得和谐、融洽。此外，教师在教育中还应根据学生的心理特点因材施教，灵活、合理、公正、平等地对待每一个学生，只有这样才能更好地协调师生之间的关系。

如何才能与学生进行有效的心理沟通呢？要想做到这一点，应当掌握以下三种心理沟通的技巧：换位理解、无条件的积极尊重、真诚。

（1）换位理解，也可称为设身处地地理解，即指教师要放下自己的价值观和参考框架，试着站在学生的立场上，从学生内在参照体系出发，去感受、理解学生表达和尚未表达、感知和尚未感知的内容及情感。接下来，教师还要用自己的语言和非语言方式，把自己对学生的理解告诉对方，使学生意识到教师已认识、了解自己，意识到教师与自己产生了共鸣。

（2）无条件的积极尊重，是指教师要绝对地、不加判断地把学生作为一个独特而有价值的人对待和接纳。它包含三层意思：一是教师要把学生作为一个“人”来加以关注；二是教师要能够接受学生；三是教师信任每一个学生都有自我改变和成长的能力。

（3）真诚，就是指教师要以“真实的我”出现在学生面前，开诚布公地与之交谈，直截了当地表达想法，不装腔作势，不戴假面具，不搞角色扮演，不虚情假意，而是表里如一，真实可信。教师真诚的态度能够使学生感到亲切、亲近、被接纳，好像面对知己，因而容易对教师产生信任感，拉近与教师之间的心理距离。同时，教师的真诚对学生也是一种榜样，能激励学生对教师真诚，有效促进学生的自我开放。真诚是对学生抱有无私的爱心和高度责任感的流露，其实质是把学生视为朋友，真诚地希望给学生提供帮助，帮助学生得到更好的发展。

四、心理发展促进者——理解心理发展的能力

这一角色过去被称为“人格塑造者”。改成“促进者”，是因为“塑造”一词太生硬了，因此将“人格”拓展到“心理发展”，将“塑造者”改成“促进者”，也在强调学生是自身发展的主体。教师要扮演好这一角色，需要具备理解学生心理发展的能力。“人不是被塑造成的”，学生天生就具有自我发展、自

我完善的内在潜能。教师自身心理素养水平的高低，也会体现在对学生心理发展特点的理解上，体现在对学生心理发展的把握上。只有把握住学生的心理发展特点，才能将教育建立在学生心理发展的基础上，促进学生的心理发展；只有把握住学生的心理发展特点，才能更有效地实施教育活动，提高教育的效果；只有把握住学生的心理发展特点，才能了解学生心理需要的特殊性，避免使用简单粗暴的处理方式，增加宽容与理解，避免师生间的矛盾激化。教育与心理发展是相辅相成的两个方面，心理发展是教育最核心的目标。但是在今天的教育实践中，部分教师没有自觉地把心理发展作为教育的自然组成部分，而是把两者割裂开，把教育过程作为单纯的知识灌输过程，忽略了学生心理的发展。事实上，教育过程不仅是帮助学生进行知识的获得和积累的过程，更重要的是带领学生通过对知识的学习和掌握，促进学生心理健康发展。

为什么教师要具备“理解学生心理发展能力”？教育为何要建立在学生心理发展的基础上？我们不妨看看苏霍姆林斯基的一段描述：

“人的一生中有两次诞生。第一次诞生的人是用叫喊来显示自己的：我出生了，请关心我，要为我操心，我是软弱无力的，一刻也不要把我忘记，要保护我，屏息静气地坐在我的摇篮旁边。

“第二次诞生的人用完全不同的方法来显示自己：别照看我，别总跟在我的后面，别束缚我的手脚，别用监督与不信任的襁褓把我捆起来，千万别提起有关我孩提时的事儿。我是个独立自主的人，我不要别人搀着手走路。在我的面前有一座高山，这是我生活的目标，我看见它，想着它，我要爬上这座山！可是我要独自攀登顶峰，我已经在攀登了，正在迈出头几步；越往高处走，我的视野就越宽广，我见到的人就越多，我对他们的了解也就越多，见到我的人也就越多。由于我看到了事物的宏伟与浩瀚，我简直感到害怕起来。我需要年长朋友的帮助，如果我能靠在一个坚强而有智慧的人的肩膀上，我就一定能达到自己的顶峰。可是我又不敢，并且羞于说出这一点。我要使大家都认为，我能独立地、用自己的力量登上顶峰。这就是一个少年所要说的话，假如他能够把使他心神不定的原因说出来。”

可见，一个人的第二次诞生正好和第一次诞生相反。因为进入青春期的少年开始追求独立，想要自己独立地往前走，但是他会越走越害怕，希望有人帮助他。但是你要问他“用不用我帮助你”，他肯定告诉你不用，但是你要真正去帮助他，他又不会拒绝。因为一个人由完全的依赖走向完全的独立，并不是一夜之间的突变，而需要一个漫长的成长过程。在这一过程中，他一方面追求独立，却又无法摆脱依赖。所以，对待进入青春期的学生，绝不能像对待小学低年级学生一样，要尊重他们的想法，要尊重他们追求独立的愿望。这个时候他们开始有了自己的想法和价值观，而这种价值观及行为标准开始脱离成人的标准，逐渐向同伴看齐。如果教师不考虑学生不同阶段的心理发展特点，仍按部就班地实施教育，其结果不但是无效的，甚至可能适得其反。所以，教育要建立在融合学生心理发展的基础上，心理发展是教育的起点。

五、心理健康维护者——应对问题行为的能力

这一角色过去被叫作“教师是学生的心理医生”。然而有心理疾病或心理障碍的学生毕竟是少数，这似乎并没有反映出教师在促进学生心理健康中的重要作用，因此将其改为“心理健康维护者”。而要扮演好这一角色，需要教师掌握“应对问题行为能力”。在社会生活中，教师很难保证学生不会出现心理问题，虽然课堂不是心理治疗的场所，但是职业角色要求教师在这方面应当具有一定的能力，担负一定的责任。比如：至少能帮助学生学习更有效的生活方式，能以同情的态度对学生进行疏导和劝慰，减轻他们因各种原因造成的精神焦虑，帮助学生满足心理上的需要；至少能够创造一种谅解和宽容的气氛，使学生有安全感，从惧怕权威、缺乏自尊心等心理问题中解脱出来；鼓励学生表达自己的思想，为培养学生的健全人格、成熟情绪、坚强意志负起责任；督促学生自我教育、自我约束，使学生能够进行创造性的学习。

那么，教师应当如何提高应对学生问题行为的能力？比如，在解决学生的问题行为或教育学生时，应当把教育本身看作一个过程，包括前期、中期和后期，在不同时期采取不同的价值原则。前期采用“价值尊重的原则”。无论学生身上发生了什么事，出现了什么问题，甚至这个问题和你的价值观相矛盾、相冲突，也要先接受下来，因为这个问题既然在学生身上发生了，肯定是有原因的。但接受并不等于赞同，接受是帮助一个人改变的前提。中期采用“价值

澄清的原则”。学生之所以会形成这样的问题行为或错误的价值观念，很可能是因为他缺乏有效分析和解决问题的能力，缺乏价值评价和判断能力。此时就应当帮助学生提升其分析、解决问题的能力，帮助学生学会进行价值评价和判断。后期再采用“价值引导的原则”。通过“价值尊重”让学生能够从心理上接受教师，通过价值澄清帮助学生学会分析解决问题，这个时候再进行价值引导就是水到渠成的事了。

（本节作者：刘晓明）

附　录

心理健康教育相关

文件政策依据

附录1:《中小学心理健康教育指导纲要(2012年修订)》

教育部关于印发《中小学心理健康教育指导纲要(2012年修订)》的通知

教基一〔2012〕15号

各省、自治区、直辖市教育厅(教委),新疆生产建设兵团教育局:

2002年,我部印发了《中小学心理健康教育指导纲要》(以下简称《纲要》),对各地中小学开展心理健康教育起到了指导和推动作用。为进一步科学指导和规范中小学心理健康教育工作,促进心理健康教育工作深入发展和全面普及,在认真总结各地心理健康教育工作经验的基础上,我部组织专家对《纲要》进行了修订完善。现将修订后的《纲要》印发给你们,请各地结合实际,认真组织实施,并将落实情况、问题和意见及时报我部。

附件:中小学心理健康教育指导纲要(2012年修订)

教育部

2012年12月7日

附件

中小学心理健康教育指导纲要（2012年修订）

中小学心理健康教育，是提高中小学生心理素质、促进其身心健康和谐发展的教育，是进一步加强和改进中小学德育工作、全面推进素质教育的重要组成部分。中小学生正处在身心发展的重要时期，随着生理、心理的发育和发展、社会阅历的扩展及思维方式的变化，特别是面对社会竞争的压力，他们在学习、生活、自我意识、情绪调适、人际交往和升学就业等方面，会遇到各种各样的心理困扰或问题。因此，在中小学开展心理健康教育，是学生身心健康成长的需要，是全面推进素质教育的必然要求。为深入贯彻党的十八大精神，落实《中共中央国务院关于进一步加强和改进未成年人思想道德建设的若干意见》和《国家中长期教育改革和发展规划纲要（2010—2020年）》要求，进一步科学地指导和规范中小学心理健康教育工作，在认真总结近些年来全国各地心理健康教育工作经验的基础上，制定本纲要。

一、心理健康教育的指导思想和基本原则

1. 开展中小学心理健康教育工作，必须高举中国特色社会主义伟大旗帜，以邓小平理论、“三个代表”重要思想和科学发展观为指导，学习践行社会主义核心价值体系，贯彻党的教育方针，坚持立德树人、育人为本，注重学生心理和谐健康，加强人文关怀和心理疏导，根据中小学生生理、心理发展特点和规律，把握不同年龄阶段学生的心理发展任务，运用心理健康教育的知识理论和方法技能，培养中小学生良好的心理素质，促进其身心全面和谐发展。

2. 开展中小学心理健康教育，要以学生发展为根本，遵循学生身心发展规律，必须坚持以下基本原则：

——坚持科学性与实效性相结合。要根据学生身心发展的规律和特点及心理健康教育的规律，科学开展心理健康教育，注重心理健康教育的实践性与实效性，切实提高学生心理素质和心理健康水平。

——坚持发展、预防和危机干预相结合。要立足教育和发展，培养学生积

极心理品质，挖掘他们的心理潜能，注重预防和解决发展过程中的心理行为问题，在应急和突发事件中及时进行危机干预。

——坚持面向全体学生和关注个别差异相结合。全体教师都要树立心理健康教育意识，尊重学生，平等对待学生，注重教育方式方法，关注个别差异，根据不同学生的特点和需要开展心理健康教育和辅导。

——坚持教师的主导性与学生的主体性相结合。要在教师的教育指导下，充分发挥和调动学生的主体性，引导学生积极主动关注自身心理健康，培养学生自主自助维护自身心理健康的意识和能力。

二、心理健康教育的目标与任务

3. 心理健康教育的总目标是：提高全体学生的心理素质，培养他们积极乐观、健康向上的心理品质，充分开发他们的心理潜能，促进学生身心和谐可持续发展，为他们健康成长和幸福生活奠定基础。

心理健康教育的具体目标是：使学生学会学习和生活，正确认识自我，提高自主自助和自我教育能力，增强调控情绪、承受挫折、适应环境的能力，培养学生健全的人格和良好的个性心理品质；对有心理困扰或心理问题的学生，进行科学有效的心理辅导，及时给予必要的危机干预，提高其心理健康水平。

4. 心理健康教育的主要任务是：全面推进素质教育，增强学校德育工作的针对性、实效性和吸引力，开发学生的心理潜能，提高学生的心理健康水平，促进学生形成健康的心理素质，减少和避免各种不利因素对学生心理健康的影响，培养身心健康，具有社会责任感、创新精神和实践能力的德智体美全面发展的社会主义建设者和接班人。

按照“全面推进、突出重点、分类指导、协调发展”的工作方针，不同地区应根据本地实际情况，积极做好心理健康教育工作。

全面推进。要普及、巩固和深化中小学心理健康教育，加快制度建设、课程建设、心理辅导室建设和师资队伍建设，积极拓展心理健康教育渠道，建立学校、家庭和社区心理健康教育网络和协作机制，全面推进中小学心理健康教育科学发展，在学校普遍建立起规范的心理健康教育服务体系，全面提高全体学生的心理素质。

突出重点。地方教育行政部门和学校要利用地方课程或学校课程科学系统地开展心理健康教育；要加强心理辅导室建设，切实发挥心理辅导室在预防和解决学生心理行为问题中的重要作用；加强心理健康教育师资队伍建设，建立一支科学化、专业化的稳定的中小学心理健康教育教师队伍。

分类指导。大中城市和经济发达地区，要在普遍开展心理健康教育工作的基础上，继续推进和深化心理健康教育工作，努力提高质量和成效，率先建立成熟的心理健康教育服务体系；其他地区，要尽快完善心理健康教育工作机制，建立心理健康教育辅导室和稳定的心理健康专业教师队伍，普遍开展心理健康教育工作。

协调发展。坚持公共教育资源和优质教育资源向农村、中西部地区倾斜，逐步缩小东西部、城乡和区域之间中小学心理健康教育的发展差距，以中西部地区和农村地区发展为重点，推动中小学心理健康教育全面、协调发展。按照“城乡结合，以城带乡”的原则，加强城乡中小学心理健康教育的交流与合作，实现心理健康教育全覆盖和城乡均衡化发展。同时，着力提高中小学心理健康教育质量和成效，促进学生的心理素质和德智体美全面协调发展。

三、心理健康教育的主要内容

5. 心理健康教育的主要内容包括：普及心理健康知识，树立心理健康意识，了解心理调节方法，认识心理异常现象，掌握心理保健常识和技能。其重点是认识自我、学会学习、人际交往、情绪调适、升学择业以及生活和社会适应等方面的内容。

6. 心理健康教育应从不同地区的实际和不同年龄阶段学生的身心发展特点出发，做到循序渐进，设置分阶段的具体教育内容。

小学低年级主要包括：帮助学生认识班级、学校、日常学习生活环境和基本规则；初步感受学习知识的乐趣，重点是学习习惯的培养与训练；培养学生礼貌友好的交往品质，乐于与老师、同学交往，在谦让、友善的交往中感受友情；使学生有安全感和归属感，初步学会自我控制；帮助学生适应新环境、新集体和新的学习生活，树立纪律意识、时间意识和规则意识。

小学中年级主要包括：帮助学生了解自我，认识自我；初步培养学生的学习能力，激发学习兴趣和探究精神，树立自信，乐于学习；树立集体意识，善于与同学、老师交往，培养自主参与各种活动的能力，以及开朗、合群、自立的健康人格；引导学生在学习生活中感受解决困难的快乐，学会体验情绪并表达自己的情绪；帮助学生建立正确的角色意识，培养学生对不同社会角色的适应；增强时间管理意识，帮助学生正确处理学习与兴趣、娱乐之间的矛盾。

小学高年级主要包括：帮助学生正确认识自己的优缺点和兴趣爱好，在各种活动中悦纳自己；着力培养学生的学习兴趣和学习能力，端正学习动机，调整学习心态，正确对待成绩，体验学习成功的乐趣；开展初步的青春期教育，引导学生进行恰当的异性交往，建立和维持良好的异性同伴关系，扩大人际交往的范围；帮助学生克服学习困难，正确面对厌学等负面情绪，学会恰当地、正确地体验情绪和表达情绪；积极促进学生的亲社会行为，逐步认识自己与社会、国家和世界的关系；培养学生分析问题和解决问题的能力，为初中阶段学习生活做好准备。

初中年级主要包括：帮助学生加强自我认识，客观地评价自己，认识青春期的生理特征和心理特征；适应中学阶段的学习环境和学习要求，培养正确的学习观念，发展学习能力，改善学习方法，提高学习效率；积极与老师及父母进行沟通，把握与异性交往的尺度，建立良好的人际关系；鼓励学生进行积极的情绪体验与表达，并对自己的情绪进行有效管理，正确处理厌学心理，抑制冲动行为；把握升学选择的方向，培养职业规划意识，树立早期职业发展目标；逐步适应生活和社会的各种变化，着重培养应对失败和挫折的能力。

高中年级主要包括：帮助学生确立正确的自我意识，树立人生理想和信念，形成正确的世界观、人生观和价值观；培养创新精神和创新能力，掌握学习策略，开发学习潜能，提高学习效率，积极应对考试压力，克服考试焦虑；正确认识自己的人际关系状况，培养人际沟通能力，促进人际间的积极情感反应和体验，正确对待和异性同伴的交往，知道友谊和爱情的界限；帮助学生进一步提高承受失败和应对挫折的能力，形成良好的意志品质；在充分了解自己的兴趣、能力、性格、特长和社会需要的基础上，确立自己的职业志向，培养职业道德意识，进行升学就业的选择和准备，培养担当意识和社会责任感。

四、心理健康教育的途径和方法

7. 学校应将心理健康教育始终贯穿于教育教学全过程。全体教师都应自觉地在各学科教学中遵循心理健康教育的规律，将适合学生特点的心理健康教育内容有机渗透到日常教育教学活动中。要注重发挥教师人格魅力和为人师表的作用，建立起民主、平等、相互尊重的师生关系。要将心理健康教育与班主任工作、班团队活动、校园文体活动、社会实践活动等有机结合，充分利用网络等现代信息技术手段，多种途径开展心理健康教育。

8. 开展心理健康专题教育。专题教育可利用地方课程或学校课程开设心理健康教育课。心理健康教育课应以活动为主，可以采取多种形式，包括团体辅导、心理训练、问题辨析、情境设计、角色扮演、游戏辅导、心理情景剧、专题讲座等。心理健康教育要防止学科化的倾向，避免将其作为心理学知识的普及和心理学理论的教育，要注重引导学生心理、人格积极健康发展，最大程度地预防学生发展过程中可能出现的心理行为问题。

9. 建立心理辅导室。心理辅导室是心理健康教育教师开展个别辅导和团体辅导，指导帮助学生解决在学习、生活和成长中出现的问题，排解心理困扰的专门场所，是学校开展心理健康教育的重要阵地。在心理辅导过程中，教师要树立危机干预意识，对个别有严重心理疾病的学生，能够及时识别并转介到相关心理诊治部门。教育部将对心理辅导室建设的基本标准和规范做出统一规定。

心理辅导是一项科学性、专业性很强的工作，心理健康教育教师应遵循心理发展和教育规律，向学生提供发展性心理辅导和帮助。开展心理辅导必须遵守职业伦理规范，在学生知情自愿的基础上进行，严格遵循保密原则，保护学生隐私，谨慎使用心理测试量表或其他测试手段，不能强迫学生接受心理测试，禁止使用可能损害学生心理健康的仪器，要防止心理健康教育医学化的倾向。

10. 密切联系家长共同实施心理健康教育。学校要帮助家长树立正确的教育观念，了解和掌握孩子成长的特点、规律以及心理健康教育的方法，加强亲子沟通，注重自身良好心理素质的养成，以积极健康和谐的家庭环境影响孩子。同时，学校要为家长提供促进孩子发展的指导意见，协助他们共同解决孩子在发展过程中的心理行为问题。

11. 充分利用校外教育资源开展心理健康教育。学校要加强与基层群众性自治组织、企事业单位、社会团体、公共文化机构、街道社区以及青少年校外活动场所等的联系和合作，组织开展各种有益于中小学生身心健康的文体娱乐活动和心理素质拓展活动，拓宽心理健康教育的途径。

五、心理健康教育的组织实施

12. 加强对中小学心理健康教育工作的领导和管理。各级教育行政部门要切实加强对心理健康教育工作的领导，制定规章制度，明确责任部门和负责人，支持和指导中小学开展心理健康教育工作。各地和学校要通过多种途径和方式，结合教育教学实际，保证心理健康教育时间，课时可在地方课程或学校课程中安排。各级教育行政部门要将心理健康教育工作列入年度工作计划，纳入学校督导评估指标体系之中，教育督导部门应定期开展心理健康教育专项督导检查。教育部将适时开展中小学心理健康教育示范校创建活动。

13. 加强心理健康教育教师队伍建设。心理健康教育是一项专业性很强的工作，必须大力加强专业教师队伍建设。各地各校要制订规划，逐步配齐心理健康教育专职教师，专职教师原则上须具备心理学或相关专业本科学历。每所学校至少配备一名专职或兼职心理健康教育教师，并逐步增大专职人员配比，其编制从学校总编制中统筹解决。地方教育行政部门要健全中小学心理健康教育教师职务（职称）评聘办法，制定相应的专业技术职务（职称）评价标准，落实好心理健康教育教师职务（职称）评聘工作。心理健康教育教师享受班主任同等待遇。

14. 大力开展心理健康教育教师培训。教育部将组织专家制定教师培训课程标准，分期分批对中小学心理健康教育教研员和骨干教师进行国家级培训。各省级教育行政部门要将心理健康教育教师培训纳入教师培训计划，分期分批对区域内心理健康教育教师进行轮训，切实提高专、兼职心理健康教育教师的基本理论、专业知识和操作技能水平。要在中小学校长、班主任和其他学科教师等各类培训中增加心理健康教育的培训内容，建立分层分类的培训体系。

15. 要重视教师的心理健康教育工作。各级教育行政部门和学校要关心教师的工作、学习和生活，从实际出发，采取切实可行的措施，减轻教师的精神紧张和心理压力。要把教师心理健康教育作为教师教育和教师专业发展的重要方面，为教师学习心理健康教育知识提供必要的条件，使他们学会心理调适，增强应对能力，有效地提高其心理健康水平和开展心理健康教育的能力。

16. 加强心理健康教育材料的管理。各种有关心理健康教育的教育材料的编写、审查和选用要根据本指导纲要的统一要求进行。自 2013 年春季开学起，凡进入中小学的心理健康教育材料必须经省级以上教育行政部门组织专家审定后方可使用。

17. 加强心理健康教育的科学研究。各级教育行政部门要加强指导，增加经费投入，将心理健康教育纳入教育科学研究规划，积极组织相关课题申报和优秀成果评选。要积极引导高等学校、科研机构的研究人员开展相关研究，为心理健康教育实践提供理论基础和科学依据。要建立中小学心理健康教育教研制度，各级教研机构应配备心理健康教育教研员。要坚持理论与实践相结合，组织专家学者、教研人员、一线教师和学校管理人员结合实际情况积极开展心理健康教育教学研究，在实践中丰富完善心理健康教育理论，不断提高心理健康教育科学化水平。

附录 2:《中小学心理辅导室建设指南》

教育部办公厅关于印发《中小学心理辅导室建设指南》的通知

教基一厅函〔2015〕36 号

各省、自治区、直辖市教育厅(教委),新疆生产建设兵团教育局:

根据教育部《中小学心理健康教育指导纲要(2012 年修订)》,为进一步加强和规范中小学心理辅导室建设,切实发挥心理辅导室在提高全体学生心理素质,预防和解决学生心理行为问题中的重要作用,我部研究制定了《中小学心理辅导室建设指南》,现印发给你们,请结合实际认真贯彻执行。

教育部办公厅

2015 年 7 月 29 日

中小学心理辅导室建设指南

本指南根据教育部《中小学心理健康教育指导纲要（2012年修订）》（教基一〔2012〕15号）的精神和国家有关中小学心理健康教育工作的基本要求制定。适用于全国中小学心理辅导室的建设、规范、管理与督导评估。

一、建设目标

心理辅导室建设应坚持立德树人，以促进学生健康发展为根本，心理辅导室软、硬件设施配置遵循中小学生身心发展特点和心理健康教育规律，重在提供心理辅导和心理健康服务。通过向学生提供发展性心理辅导和心理支持，提高全体学生的心理素质，培养他们积极乐观、健康向上的心理品质，促进学生身心和谐可持续发展，有效适应学校生活和社会公共生活，为他们快乐学习、健康成长和幸福生活奠定坚实基础。

二、功能定位

心理辅导室是心理健康教育教师开展个别辅导和团体辅导，帮助学生疏导与解决学习、生活、自我意识、情绪调适、人际交往和升学就业中出现的心理行为问题，排解心理困扰和防范心理障碍的专门场所，是学校开展心理健康教育工作的重要阵地。其主要功能是：

1. 开展团体心理辅导。关注全体学生的心理健康水平，提高全体学生的心理素质，开展面向全体学生的心理健康教育活动和团体心理辅导活动。

2. 进行个别心理辅导。对有心理困扰或心理问题的学生进行有效的个别辅导，提供有针对性的心理支持；或根据情况及时将其转介到相关专业心理咨询机构或心理诊治部门，并做好协同合作、回归保健和后续心理支持工作。

3. 监测心理健康状况。了解和监测全体师生的心理健康状况、特点和发展趋势，及时发现问题，有效监控、防范和应对各种突发事件，减小危机事件对师生的消极影响。

4. 营造心理健康环境。对有需要的教职工进行心理辅导和心理支持，提高其心理健康水平，营造积极、健康、和谐的育人环境。举办心理健康教育宣传活动，帮助家长了解和掌握孩子成长的特点、规律以及教育方法，协助家长共同解决孩子发展过程中的心理行为问题。利用学校心理健康教育资源服务社区，发挥学校心理健康教育的辐射作用。

三、基本设置

心理辅导室建设应坚持科学、实用原则，保证基本配置，满足心理健康教育工作科学有效开展，有条件的地方可以结合实际情况，拓展心理辅导室功能区域和相关配置。

1. 位置选择。心理辅导室应选择建在相对安静又方便进出的地方，尽量避开热闹、嘈杂区域。楼层不宜太高。

2. 环境要求。心理辅导室环境布置应充分考虑心理健康教育工作的特殊性和青少年身心发展特征，体现人性化设计和人文关怀，富于生机。心理辅导室可选择亲切、生动、贴近学生心理，易于学生接受的名称。室外可张贴轻松的欢迎标语，图示图标简明醒目。内部环境应温馨、整洁、舒适，以清新、淡雅、柔和的暖色调为主，合理运用色彩、灯光和装饰物，光线适中，自然光、灯光强度合理。个别辅导室要充分保障学生隐私性要求。

3. 基本配置。心理辅导室应设置个别辅导室、团体活动室和办公接待区等基本功能区域，有条件的学校也可单独设置心理测量区、放松室、自主自助活动区等心理健康教育拓展区域。心理辅导室的使用面积要与在校生人数相匹配。学校可结合心理健康教育工作的实际需要与学校其他场所共建共享，在不影响心理辅导各功能区基本功能的情况下，心理辅导室各功能区域也可以相互兼容。心理辅导室外应设有心理信箱。

区域基本配置。个别辅导室面积要求 10—15 平方米/每间，基本设施配有咨询椅或沙发，教师咨询椅或沙发与学生咨询椅或沙发成 90 度或 60 度摆放。可根据条件配备放松音乐、心理健康知识挂图、录音设备等。团体活动室面积要求 20 平方米以上/每间，基本设施配有可移动桌椅、坐垫、多媒体设备。可根据条件配备团体心理辅导箱、游戏心理辅导包等。办公接待区面积要求 15 平方米以上，基本设施配有电脑、打印机、电话、档案柜、期刊架、心理书籍等。其他拓展区域（依需要和条件建设）配备学生心理测评系统和心理健康自助系统等工具，沙盘类、绘画类辅助辅导器材，放松类、自助类器材等。

四、管理规范

1. 开放时间。心理辅导室定期对学生开放，可视学生数量和学校心理健康教育实际情况确定具体开放时间。原则上，学生在校期间每天均应开放，课间、课后等非上课时间应有一定时间向学生开放，并安排专人值班。

2. 人员配备。心理辅导室至少应配备一名专职或兼职心理健康教育教师，并逐步增大专职人员配比。专兼职教师原则上须具备心理学或相关专业本科学历，取得相关资格证书，经过岗前培训，具备心理辅导的基本理论、专业知识和操作技能，并定期接受一定数量的专业培训。心理健康教育教师享受班主任同等待遇。

3. 经费投入。学校应设立心理健康教育专项经费，纳入年度经费预算，保证心理辅导室工作正常开展。心理辅导室应免费为本校师生、家长提供心理辅导。

4. 成长记录。心理辅导室应为学生建立成长信息记录。一般包括学生的基本情况、家庭情况、心理状况、辅导记录等。辅导记录一般包括学生目前的心理状况、辅导的主要问题及问题的评估和鉴定，并有相应的分析、对策与辅导效果评价。学生成长信息记录、测评资料、信件、录音录像和其他资料，应在严格保密的情况下保存。心理辅导室应根据学生成长信息记录，有针对性地开展团体心理辅导或个别心理辅导。

5. 辅导伦理。心理健康教育教师应坚持育人为本，着力提高全体学生的心理素质；在学生出现价值偏差时，要突破“价值中立”，帮助学生树立正确的世界观、人生观和价值观；在辅导过程中严格遵循保密原则，保护学生隐私，但在学生可能出现自伤、他伤等极端行为时，应突破保密原则，及时告知班主任及其监护人，并记录在案；谨慎使用心理测评量表或其他测试手段，并在学生及其监护人知情自愿基础上进行，禁止强迫学生接受心理测试，禁止给学生贴上“心理疾病”标签，禁止使用任何可能损害学生身心健康的仪器设备。

6. 危机干预。心理辅导室应建立心理危机干预机制。明确心理危机干预工作流程，出现危机事件时能够做到发现及时、处理得当，给予师生适当的心理干预，预防因心理危机引发的自伤、他伤等极端事件的发生。

7. 及时转介。心理辅导室应与相关心理诊治部门建立畅通、快速的转介渠道，对个别有严重心理疾病的学生，或发现其他需要转介的情况，能够识别并及时转介到相关心理诊治部门。转介过程记录翔实，并建立跟踪反馈制度。

8. 加强研究。心理辅导室应定期组织教研活动、典型案例讨论，组织参加专家督导，定期开展心理健康普查和心理健康调查研究，不断提高心理辅导的科学性与实效性。

附录 3：《全面加强和改进新时代学生心理健康工作专项行动计划（2023—2025 年）》

教育部等十七部门关于印发《全面加强和改进新时代学生心理健康工作专项行动计划（2023—2025 年）》的通知

教体艺〔2023〕1 号

各省、自治区、直辖市教育厅（教委）、检察院、党委宣传部、网信办、科技厅（局）、公安厅（局）、民政厅（局）、财政厅（局）、卫生健康委、广电局、体育局、妇儿工委办公室、团委、妇联、关工委、科协，新疆生产建设兵团教育局、检察院、党委宣传部、网信办、科技局、公安局、民政局、财政局、卫生健康委、文体广电和旅游局、妇儿工委办公室、团委、妇联、关工委、科协，中国科学院各相关研究院所：

《全面加强和改进新时代学生心理健康工作专项行动计划（2023—2025 年）》已经中央教育工作领导小组会议审议通过。现印发给你们，请结合实际认真贯彻执行。

教育部 最高人民检察院 中央宣传部
中央网信办 科技部 公安部
民政部 财政部 国家卫生健康委
广电总局 体育总局 中国科学院
国务院妇儿工委办公室 共青团中央 全国妇联
中国关心下一代工作委员会 中国科学技术协会
2023 年 4 月 20 日

全面加强和改进新时代学生心理健康工作专项行动计划（2023—2025 年）

促进学生身心健康、全面发展，是党中央关心、人民群众关切、社会关注的重大课题。随着经济社会快速发展，学生成长环境不断变化，叠加新冠疫情影响，学生心理健康问题更加凸显。为认真贯彻党的二十大精神，贯彻落实《中国教育现代化 2035》《国务院关于实施健康中国行动的意见》，全面加强和改进新时代学生心理健康工作，提升学生心理健康素养，制订本行动计划。

一、总体要求

（一）指导思想

以习近平新时代中国特色社会主义思想为指导，全面贯彻党的教育方针，坚持为党育人、为国育才，落实立德树人根本任务，坚持健康第一的教育理念，切实把心理健康工作摆在更加突出位置，统筹政策与制度、学科与人才、技术与环境，贯通大中小学各学段，贯穿学校、家庭、社会各方面，培育学生热爱生活、珍视生命、自尊自信、理性平和、乐观向上的心理品质和不懈奋斗、荣辱不惊、百折不挠的意志品质，促进学生思想道德素质、科学文化素质和身心健康素质协调发展，培养担当民族复兴大任的时代新人。

（二）基本原则

——坚持全面发展。完善全面培养的教育体系，推进教育评价改革，坚持学习知识与提高全面素质相统一，培养德智体美劳全面发展的社会主义建设者和接班人。

——坚持健康第一。把健康作为学生全面发展的前提和基础，遵循学生成长成才规律，把解决学生心理问题与解决学生成才发展的实际问题相结合，把心理健康工作质量作为衡量教育发展水平、办学治校能力和人才培养质量的重要指标，促进学生身心健康。

——坚持提升能力。统筹教师、教材、课程、学科、专业等建设，加强学生心理健康工作体系建设，全方位强化学生心理健康教育，健全心理问题预防和监测机制，主动干预，增强学生心理健康工作科学性、针对性和有效性。

——坚持系统治理。健全多部门联动和学校、家庭、社会协同育人机制，聚焦影响学生心理健康的核心要素、关键领域和重点环节，补短板、强弱项，系统强化学生心理健康工作。

（三）工作目标

健康教育、监测预警、咨询服务、干预处置"四位一体"的学生心理健康工作体系更加健全，学校、家庭、社会和相关部门协同联动的学生心理健康工作格局更加完善。2025 年，配备专（兼）职心理健康教育教师的学校比例达到95%，开展心理健康教育的家庭教育指导服务站点比例达到60%。

二、主要任务

（一）五育并举促进心理健康

1. 以德育心。将学生心理健康教育贯穿德育思政工作全过程，融入教育教学、管理服务和学生成长各环节，纳入"三全育人"大格局，坚定理想信念，厚植爱国情怀，引导学生扣好人生第一粒扣子，树立正确的世界观、人生观、价值观。

2. 以智慧心。优化教育教学内容和方式，有效减轻义务教育阶段学生作业负担和校外培训负担。教师要注重学习掌握心理学知识，在学科教学中注重维护学生心理健康，既教书，又育人。

3. 以体强心。发挥体育调节情绪、疏解压力作用，实施学校体育固本行动，开齐开足上好体育与健康课，支持学校全覆盖、高质量开展体育课后服务，着力保障学生每天校内、校外各 1 个小时体育活动时间，熟练掌握 1—2 项运动技能，在体育锻炼中享受乐趣、增强体质、健全人格、锤炼意志。

4. 以美润心。发挥美育丰富精神、温润心灵作用，实施学校美育浸润行动，广泛开展普及性强、形式多样、内容丰富、积极向上的美育实践活动，教会学生认识美、欣赏美、创造美。

5. 以劳健心。丰富、拓展劳动教育实施途径，让学生动手实践、出力流汗，磨炼意志品质，养成劳动习惯，珍惜劳动成果和幸福生活。

（二）加强心理健康教育

6. 开设心理健康相关课程。中小学校要结合相关课程开展心理健康教育。中等职业学校按规定开足思想政治课“心理健康与职业生涯”模块学时。高等职业学校按规定将心理健康教育等课程列为公共基础必修或限定选修课。普通高校要开设心理健康必修课，原则上应设置 2 个学分（32—36 学时），有条件的高校可开设更多样、更有针对性的心理健康选修课。举办高等学历继续教育的高校要按规定开设适合成人特点的心理健康课程。托幼机构应遵循儿童生理、心理特点，创设活动场景，培养积极心理品质。

7. 发挥课堂教学作用。结合大中小学生发展需要，分层分类开展心理健康教学，关注学生个体差异，帮助学生掌握心理健康知识和技能，树立自助、求助意识，学会理性面对困难和挫折，增强心理健康素质。

8. 全方位开展心理健康教育。组织编写大中小学生心理健康读本，扎实推进心理健康教育普及。向家长、校长、班主任和辅导员等群体提供学生常见心理问题操作指南等心理健康“服务包”。依托“师生健康 中国健康”主题教育、“全国大中学生心理健康日”、职业院校“文明风采”活动、中考和高考等重要活动和时间节点，多渠道、多形式开展心理健康教育。发挥共青团、少先队、学生会（研究生会）、学生社团、学校聘请的社会工作者等作用，增强同伴支持，融洽师生同学关系。

（三）规范心理健康监测

9. 加强心理健康监测。组织研制符合中国儿童青少年特点的心理健康测评工具，规范量表选用、监测实施和结果运用。依托有关单位组建面向大中小学的国家级学生心理健康教育研究与监测专业机构，构建完整的学生心理健康状况监测体系，加强数据分析、案例研究，强化风险预判和条件保障。国家义务教育质量监测每年监测学生心理健康状况。地方教育部门和学校要积极开展学生心理健康监测工作。

10. 开展心理健康测评。坚持预防为主、关口前移，定期开展学生心理健康测评。县级教育部门要组织区域内中小学开展心理健康测评，用好开学重要时段，每学年面向小学高年级、初中、高中、中等职业学校等学生至少开展一次心理健康测评，指导学校科学规范运用测评结果，建立“一生一策”心理健康档案。高校每年应在新生入校后适时开展心理健康测评，鼓励有条件的高校合理增加测评频次和范围，科学分析、合理应用测评结果，分类制定心理健康教育方案。建立健全测评数据安全保护机制，防止信息泄露。

（四）完善心理预警干预

11. 健全预警体系。县级教育部门要依托有关单位建设区域性中小学生心理辅导中心，规范心理咨询辅导服务，定期面向区域内中小学提供业务指导、技能培训。中小学校要加强心理辅导室建设，开展预警和干预工作。鼓励高中、高校班级探索设置心理委员。高校要强化心理咨询服务平台建设，完善“学校—院系—班级—宿舍/个人”四级预警网络，辅导员、班主任定期走访学生宿舍，院系定期研判学生心理状况。重点关注面临学业就业压力、经济困难、情感危机、家庭变故、校园欺凌等风险因素以及校外实习、社会实践等学习生活环境变化的学生。发挥心理援助热线作用，面向因自然灾害、事故灾难、公共卫生事件、社会安全事件等重大突发事件受影响学生人群，强化应急心理援助，有效安抚、疏导和干预。

12. 优化协作机制。教育、卫生健康、网信、公安等部门指导学校与家庭、精神卫生医疗机构、妇幼保健机构等建立健全协同机制，共同开展学生心理健康宣传教育，加强物防、技防建设，及早发现学生严重心理健康问题，网上网下监测预警学生自伤或伤人等危险行为，畅通预防转介干预就医通道，及时转介、诊断、治疗。教育部门会同卫生健康等部门健全精神或心理健康问题学生复学机制。

（五）建强心理人才队伍

13. 提升人才培养质量。完善《心理学类教学质量国家标准》。加强心理学、应用心理学、社会工作等相关学科专业和心理学类拔尖学生培养基地建设。支持高校辅导员攻读心理学、社会工作等相关学科专业硕士学位，适当增加高校思想政治工作骨干在职攻读博士学位专项计划心理学相关专业名额。

14. 配齐心理健康教师。高校按师生比例不低于1∶4000配备专职心理健康教育教师，且每校至少配备2名。中小学每校至少配备1名专（兼）职心理健康教育教师，鼓励配备具有心理学专业背景的专职心理健康教育教师。建立心理健康教育教师教研制度，县级教研机构配备心理教研员。

15. 畅通教师发展渠道。组织研制心理健康教育教师专业标准，形成与心理健康教育教师资格制度、教师职称制度相互衔接的教师专业发展制度体系。心理健康教育教师职称评审可纳入思政、德育教师系列或单独评审。面向中小学校班主任和少先队辅导员、高校辅导员、研究生导师等开展个体心理发展、健康教育基本知识和技能全覆盖培训，定期对心理健康教育教师开展职业技能培训。多措并举加强教师心理健康工作，支持社会力量、专业医疗机构参与教师心理健康教育能力提升行动，用好家校社协同心理关爱平台，推进教师心理健康教育学习资源开发和培训，提升教师发现并有效处置心理健康问题的能力。

（六）支持心理健康科研

16. 开展科学研究。针对学生常见的心理问题和心理障碍，汇聚心理科学、脑科学、人工智能等学科资源，支持全国和地方相关重点实验室开展学生心理健康基础性、前沿性和国际性研究。鼓励有条件的高校、科研院所等设置学生心理健康实验室，开展学生心理健康研究。

17. 推动成果应用。鼓励支持将心理健康科研成果应用到学生心理健康教育、监测预警、咨询服务、干预处置等领域，提升学生心理健康工作水平。

（七）优化社会心理服务

18. 提升社会心理服务能力。卫生健康部门加强儿童医院、精神专科医院和妇幼保健机构儿童心理咨询及专科门诊建设，完善医疗卫生机构儿童青少年心理健康服务标准规范，加强综合监管。民政、卫生健康、共青团和少先队、妇联等部门协同搭建社区心理服务平台，支持专业社工、志愿者等开展儿童青少年心理健康服务。对已建有热线的精神卫生医疗机构及 12345 政务服务便民热线（含 12320 公共卫生热线）、共青团 12355 青少年服务热线等工作人员开展儿童青少年心理健康知识培训，提供专业化服务，向儿童青少年广泛宣传热线电话，鼓励有需要时拨打求助。

19. 加强家庭教育指导服务。妇联、教育、关工委等部门组织办好家长学校或网上家庭教育指导平台，推动社区家庭教育指导服务站点建设，引导家长关注孩子心理健康，树立科学养育观念，尊重孩子心理发展规律，理性确定孩子成长预期，积极开展亲子活动，保障孩子充足睡眠，防止沉迷网络或游戏。家长学校或家庭教育指导服务站点每年面向家长至少开展一次心理健康教育。

20. 加强未成年人保护。文明办指导推动地方加强未成年人心理健康成长辅导中心建设，拓展服务内容，增强服务能力。检察机关推动建立集取证、心理疏导、身体检查等功能于一体的未成年被害人“一站式”办案区，在涉未成年人案件办理中全面推行“督促监护令”，会同有关部门全面开展家庭教育指导工作。关工委组织发挥广大“五老”优势作用，推动“五老”工作室建设，关注未成年人心理健康教育。

（八）营造健康成长环境

21. 规范开展科普宣传。科协、教育、卫生健康等部门充分利用广播、电视、网络等媒体平台和渠道，广泛开展学生心理健康知识和预防心理问题科普。教育、卫生健康、宣传部门推广学生心理健康工作经验做法，稳妥把握心理健康和精神卫生信息发布、新闻报道和舆情处置。

22. 加强日常监督管理。网信、广播电视、公安等部门加大监管力度，及时发现、清理、查处与学生有关的非法有害信息及出版物，重点清查问题较多的网络游戏、直播、短视频等，广泛汇聚向真、向善、向美、向上的力量，以时代新风塑造和净化网络空间，共建网上美好精神家园。全面治理校园及周边、网络平台等面向未成年人无底线营销危害身心健康的食品、玩具等。

三、保障措施

（一）加强组织领导

将学生心理健康工作纳入对省级人民政府履行教育职责的评价，纳入学校改革发展整体规划，纳入人才培养体系和督导评估指标体系，作为各级各类学校办学水平评估和领导班子年度考核重要内容。成立全国学生心理健康工作咨询委员会。各地要探索建立省级统筹、市为中心、县为基地、学校布点的学生心理健康分级管理体系，健全部门协作、社会动员、全民参与的学生心理健康工作机制。

（二）落实经费投入

各地要加大统筹力度，优化支出结构，切实加强学生心理健康工作经费保障。学校应将所需经费纳入预算，满足学生心理健康工作需要。要健全多渠道投入机制，鼓励社会力量支持开展学生心理健康服务。

（三）培育推广经验

建设学生心理健康教育名师、名校长工作室，开展学生心理健康教育交流，遴选优秀案例。支持有条件的地区和学校创新学生心理健康工作模式，探索积累经验，发挥引领和带动作用。

附录 4：吉林省教育厅等十七部门关于印发《全面加强和改进新时代中小学生心理健康工作专项行动计划（2023—2025 年）》的通知

吉教联〔2023〕51 号

各市（州）、长白山管委会、梅河口市教育局（教育科技局）、检察院、党委（党工委）宣传部、网信办、科技局、公安局、民政局、财政局、卫生健康委、广电局、体育局、妇儿工委办公室、团委、妇联、关工委、科协，中国科学院长春分院各有关研究所：

为认真贯彻党的二十大精神，进一步加强和改进新时代全省中小学生心理健康工作，吉林省教育厅等十七部门制定了《全面加强和改进新时代中小学生心理健康工作专项行动计划（2023—2025 年）》，现印发给你们，请认真抓好落实。

吉林省教育厅
吉林省人民检察院
中共吉林省委宣传部
中共吉林省委网络安全和信息化委员会办公室
吉林省科学技术厅
吉林省公安厅
吉林省民政厅
吉林省财政厅
吉林省卫生健康委员会
吉林省广播电视局
吉林省体育局
中国科学院长春分院
吉林省政府妇女儿童工作委员会办公室
共青团吉林省委员会
吉林省妇女联合会
吉林省关心下一代工作委员会
吉林省科学技术协会
2023年8月21日

全面加强和改进新时代中小学生心理健康工作专项行动计划（2023—2025年）

为认真贯彻党的二十大精神，进一步加强和改进新时代全省中小学生心理健康工作，不断增强中小学生心理健康工作的针对性和实效性，着力提升中小学生心理健康素养，根据教育部等十七部门关于《全面加强和改进新时代学生心理健康工作专项行动计划（2023—2025年）》部署要求，结合我省实际，制订本行动计划。

一、总体目标

到2025年，全省基本建立起规范的中小学心理健康工作服务体系。中小学校心理健康专题活动课程基本覆盖，课堂活力充分激发，优质课程资源丰富整合，学科心育融合发展，中小学校教师全员参与心理健康教育，中小学生心理健康水平明显提高；中小学校心理辅导室建设水平不断提升，学生规模1000名以上的中小学校心理辅导室建设覆盖率达到80%；学校、家庭和社会心理健康教育网络和协作机制基本建立健全，心理危机干预和心理援助服务模式基本建立，学校与医院转介渠道顺畅；省级教育部门建立中小学心理健康（家庭）教育发展中心，县（市、区）级教育部门建立区域性中小学生心理辅导中心；省、市（州）、县（市、区）全面设立心理服务援助热线；配备专（兼）职心理健康教育教师的中小学校比例达到95%，开展心理健康教育的家庭教育指导服务站点比例达到60%，志愿服务队伍覆盖到各级各类学校。

二、任务举措

（一）构建完善的中小学校心理健康教育体系

1. 加强心理健康课程建设。中小学校要发挥课堂教学主渠道作用，帮助中小学生掌握心理健康知识和技能，树立自助、互助、求助意识，学会理性面对挫折和困难。结合相关课程设置心理健康教育版块和学时；通过团体辅导、心理训练、问题辨析、情境设计、角色扮演、游戏辅导、心理剧、专题讲座等多种形式开展心理健康专题教育。中等职业学校按规定开足思想政治课“心理健康与职业生涯”模块学时。

2. 发挥全学科育人作用。在各学科教学中将适合中小学生特点的心理健康教育内容有机渗透到日常教育教学活动中，将心理健康教育贯穿德育思政工作全过程，融入教育教学、管理服务和学生成长各环节，纳入“三全育人”大格局。优化教育教学内容和方式，有效减轻义务教育阶段学生作业负担和校外培训负担。充分发挥体育、美育、劳动教育以及校园文化的重要作用，严格落实开齐开足上好体育、美育、劳动教育课程的刚性要求，广泛开展普及性体育运动和丰富的艺术实践活动。

3. 注重全方位教育。各中小学校要遵循全员育人的心理健康教育基本原则，实施全员导师制，要为每一位初中学生及小学、高中重点年级学生配备导师，提升每位导师的家校沟通能力，及时沟通学生在校期间的思想情绪、学业状况、行为表现和身心发展等情况，充分发挥全体教职工育人作用，构建面向人人、人人有责的心理健康教育体系。学科教师和班主任应结合自身工作特点，建立起民主、平等、相互尊重的师生关系，将心理健康教育与班主任工作、班团队活动、校园文体活动、社会实践活动等有机结合。同时学校要建立不同教职员工之间的协作机制，推进全员育人的心理健康教育。充分利用网络等现代信息技术手段，多种途径开展心理健康教育，切实培养学生珍视生命、热爱生活的心理品质，增强学生的责任感和使命感。发挥共青团、少先队、学生社团、学校聘请的社会工作者等作用，增强同伴支持，融洽师生同学关系。省教育厅将定期组织开展优秀中小学心理健康教育课程评选、心理健康心理剧评选、心理健康特色校创建等活动，确定每年 5 月 25 日至 6 月 25 日，为“吉林省未成年人心理健康教育宣传月”，结合中考和高考等时间节点，多渠道开展中小学心理健康教育。

4. 加强心理辅导室建设。依托省政府民生实事项目，利用 3 年时间，支持每所普通高中至少建设 1 所标准化心理辅导室。严格落实教育部办公厅《中小学心理辅导室建设指南》的有关要求，全面推进其他学段心理辅导室建设，加强规范、管理与督导评估等工作。心理辅导室外应设有心理信箱。鼓励普通高中探索设置心理委员。鼓励支持各级各类学校建设校内外心理健康教育素质拓展基地。

5. 强化日常预警防控。各地各校要坚持预防为主、关口前移，整合社会资源，依托县（市、区）级中小学心理健康中心或通过向社会心理服务机构购买服务等方式，搭建中小学心理健康服务平台。牵头负责组织区域内中小学开展心理健康测评工作，积极开展线上线下多种形式咨询辅导服务，每年面向小学高年级、初中、高中开展一次心理健康测评，指导学校科学运用学生心理健康测评结果，推动建立“一生一策”的心理成长档案。普遍建立中小学校、年级、班级、家庭四级预警网络，针对学生在学习、生活、人际关系和自我意识等方面可能遇到的心理失衡问题，主动采取措施，避免因压力无法缓解而造成心理危机。注重关心帮助学习遭遇困难、学业表现不佳的学生，教师要及时给予个别指导，鼓励同学间开展朋辈帮扶，帮助学生纾解心理压力、提振学习信心。

6. 健全干预体系。各地各校要健全筛查预警机制，明确心理危机干预流程，出现危机事件时能够做到发现及时、处理得当，给予适当的心理干预，预防因心理危机引发的自伤、他伤等极端事件的发生，及早实施精准干预；建立心理健康辅导与咨询的值班、预约、转介、重点反馈等制度，健全心理危机事件处置预案，完善中小学生在校发生心理危机事件的工作预案，提升学校应急处置能力。教育部门会同卫生部门健全精神或心理健康问题学生复学机制。

（二）全面落实家庭教育责任

7. 加强学校家庭教育指导服务。组织实施中小学家庭教育指导师“千人”培养计划，辐射带动中小学校全体教师家庭教育专业化素质提升。开展《家庭教育促进法》政策解读系列活动，面向家长宣传科学的家庭教育理念、知识和方法。规范家长学校、家委会建设，在中小学、幼儿园、中等职业学校普遍建立家长学校，在家庭教育指导和家庭教育实践活动中，将学生心理健康教育作为重要内容。建好家长学校平台，完善家庭教育指导服务网络。推进“互联网＋家庭教育”，开展在线辅导。

8. 加强社区家庭教育指导服务。强化社区家庭教育服务功能，有力推进《全国家庭教育指导手册》实施，依托城乡社区公共服务设施、城乡社区教育机构、新时代文明实践中心（所、站）、儿童之家、青少年宫、儿童活动中心等，建立家长学校或家庭教育指导服务站点，将青少年发展心理学知识列为必修内容，防止因家庭矛盾或教育方式不当造成孩子心理问题。公共图书馆、博物馆、文化馆、纪念馆、美术馆、科技馆等要定期开展公益性家庭教育讲座或家庭教育亲子活动，积极开发家庭教育公共文化服务产品。

9. 完善家校协同干预机制。完善家校沟通交流机制，健全家长会、家访、家长开放日等家校沟通渠道，及时沟通学生心理健康状况。学校应及时了解学生是否存在早期心理创伤、家庭重大变故、亲子关系紧张等情况，积极寻求学生家庭成员及相关人员的有效支持。对于入学时就确定有抑郁症等心理障碍的学生，学校组织校内外相关专业人员进行研判，及时将干预方案告知家长，与家长共同商定任务分工。学生出现自杀自伤、伤人毁物倾向等严重心理危机时，学校应及时协助家长送医诊治。

（三）加强社会支持服务体系建设

10. 规范社会心理服务机构建设。加强对社会心理服务机构的规范管理和评估监督，促进社会心理健康服务机构专业化、规范化发展。鼓励各类心理科研机构、学术团体等发挥专业优势，为中小学生提供公益性心理健康服务。民政、卫生健康、共青团和少先队、妇联等部门协同搭建社区心理服务平台，支持专业社工、志愿者等开展儿童青少年心理健康服务。对已建有热线的精神卫生医疗机构及 12345 政务服务便民热线（含 12320 公共卫生热线）、共青团 12355 青少年服务热线等工作人员开展儿童青少年心理健康知识培训，提供专业化服务，向儿童青少年广泛宣传热线电话，鼓励有需要时拨打求助。

11. 增强医疗卫生机构服务能力。加强县级教育部门与卫生健康部门的协同联动，建立健全学校与医疗卫生机构的协作机制，畅通学校与精神卫生医疗机构预防转介干预就医通道，及时转介、诊断、治疗。卫生健康部门加强儿童医院、精神专科医院和妇幼保健机构儿童心理咨询及专科门诊建设，鼓励综合医院开设精神科临床心理专业。

12. 关注重点人群心理健康服务。加强对沉迷网络人际交往、游戏等网络迷恋行为学生的心理矫正工作，对留守、贫困、流动、单亲、残疾、丧亲等处境不利的学生给予重点关爱，为遭受校园欺凌和暴力、家庭暴力、性侵犯、情感困境等情况的学生，提供及时心理干预。

（四）强化中小学心理健康人才队伍建设

13. 配齐配优中小学心理健康教师队伍。各地要统筹使用中小学教职工编制，原则上每所中小学至少要配备 1 名专（兼）职心理健康教育教师，鼓励配备具有心理学专业背景的专职教师。集团化办学、一校多址办学的学校，应适当增加心理健康教育教师配备。县级教研机构要配备教研员。乡村小规模学校确实难以配备专（兼）职心理健康教育教师的，可由所在乡镇中心校通过心理健康教育教师“走教”“送教”等方式，确保中小学生心理健康教育全面覆盖。

14. 加强心理健康教师队伍建设。省教育厅将依托吉林省中小学校心理健康教育发展中心和心理健康专家指导委员会，强化心理健康教育知识专业引领，推动建设一批中小学生心理健康教育名师、名校长工作室，将心理健康教师培训纳入国培、省培计划。健全培训培养体系，定期对心理健康教育教师开展职业技能培训。各地各校要在中小学校领导干部、德育工作人员、班主任及各学科教师岗前培训、业务培训、日常培训等各类培训中，将心理健康教育作为必修内容予以重点安排。中小学专（兼）职心理健康教育教师应具有心理健康教育教师资格证或心理咨询师证或省、市教育行政部门认可的其他相关资格证书，或由具有心理学等相关专业本科及以上学历的其他教师转任。专职心理健康教育教师每周除担任一定心理健康教育课程（包括自我认识与生涯规划教育、活动课程）外，还须从事 6 小时以上的个别咨询或团体心理辅导。

15. 组建高水平心理援助团队。鼓励医务人员、专家学者、学校教师、社会工作者等具备资质的人员，组建心理援助志愿者服务团队，面向中小学生开展科普宣传、心理咨询、危机干预等志愿服务。

（五）支持中小学心理健康教育科研

16. 加强中小学生心理健康教育研究。鼓励支持各地将中小学心理健康教育纳入教育科学研究重点支持领域，积极组织相关课题申报和优秀成果评选。适时设立中小学心理健康教育专项课题，注重课题过程管理，提高成果转化效率。积极引导高等学校、科研机构的研究人员开展相关研究，为心理健康教育实践提供理论基础和科学依据。

17. 推动成果应用。鼓励支持将心理健康科研成果应用到中小学生心理健康教育、监测预警、咨询服务、干预处置等领域，提升学生心理健康工作水平。

（六）营造健康成长环境

18. 加强未成年人保护。宣传部（文明办）指导推动各市（州），依托新时代文明实践中心（所、站）建立未成年人心理健康成长辅导中心，拓展服务内容，增强服务能力。检察机关推动建立集取证、心理疏导、身体检查等功能于一体的未成年被害人“一站式”办案区，在涉未成年人案件办理中全面推行“督促监护令”，会同有关部门全面开展家庭教育指导工作。关工委组织发挥广大“五老”优势作用，推动“五老”工作室建设，关注未成年人心理健康教育。

19. 规范开展科普宣传。科协、教育、卫生健康等部门充分利用广播、电视、网络等媒体平台和渠道，广泛开展中小学生心理健康知识和预防心理问题科普。教育、卫生健康、宣传部门推广中小学生心理健康工作经验做法，稳妥把握心理健康和精神卫生信息发布、新闻报道和舆情处置。

20. 加强日常监督管理。网信、广播电视、公安等部门加大监管力度，及时发现、清理、查处与中小学生有关的非法有害信息及出版物，重点清查问题较多的网络游戏、直播、短视频等，广泛汇聚向真、向善、向美、向上的力量，以时代新风塑造和净化网络空间，共建网上美好精神家园。全面治理校园及周边、网络平台等面向未成年人无底线营销危害身心健康的食品、玩具等。

三、组织保障

21. 完善领导体制。构建省、市、县、校中小学校心理安全“四级联动”工作机制，强化部门联动、沟通协调，明确部门职责分工，在规划编制、政策衔接、工作实施、评估检查、经费保障等方面加强统筹协调，集聚资源、整合力量，共同推进中小学生心理健康教育工作。各地要将中小学生心理健康教育工作纳入党委（党组）重要议事日程，纳入政府督导评估指标体系之中。各中小学校要将心理健康教育工作纳入学校事业发展规划。

22. 强化基础保障。各中小学校应统筹各类资金，切实保障心理健康教育工作基础经费，对心理健康辅导室设备更新给予保障。中小学心理健康教育教师职称评审可纳入思政、德育教师系列或单独评审。鼓励各种社会资源支持开展学生心理健康教育服务。鼓励县（市、区）教育管理部门和学校以购买服务或聘请社会工作者等模式，加强心理健康教育工作力量。

23. 加强宣传引导。坚持正面引导，各级宣传、教育等部门应充分利用广播、电视、图书、期刊等传播形式，广泛运用门户网站、“两微一端”等新媒体传播平台，组织创作、播出一批心理健康教育宣传片和公益广告，传播心理健康知识。支持有条件的地区和学校创新学生心理健康工作模式，探索积累经验，发挥引领和带动作用。